KB040136

____________________ 님께 드립니다.

내 인생의 첫 책쓰기

글쓰기부터
책 출간까지의
모든 과정

내 인생의 첫 책쓰기

초판 1쇄 발행 2017년 10월 12일
초판 2쇄 발행 2018년 4월 5일

지은이 김우태
발행인 송현옥
편집인 옥기종
펴낸곳 도서출판 더블:엔
출판등록 2011년 3월 16일 제2011-000014호

주소 서울시 강서구 마곡서1로 132, 301-901
전화 070_4306_9802
팩스 0505_137_7474
이메일 double_en@naver.com

표지종이 스노우화이트 250g
본문종이 그린라이트 80g

ISBN 978-89-98294-36-6 (03320)

※ 이 도서의 국립중앙도서관 출판시도서목록(CIP)은 서지정보유통지원시스템 홈페이지(http://seoji.nl.go.kr)와 국가자료공동목록시스템(http://www.nl.go.kr/kolisnet)에서 이용하실 수 있습니다. (CIP제어번호: CIP2017023341)

※ 잘못된 책은 바꾸어 드립니다.

※ 책값은 뒤표지에 있습니다.

※ 초판 1쇄에 대한 인세 전액을 어린이재단에 소중히 전달하였습니다. 독자 여러분께 감사드립니다.

도서출판 더블:엔은 독자 여러분의 원고 투고를 환영합니다. '열정과 즐거움이 넘치는 책' 으로 엮고자 하는 아이디어 또는 원고가 있으신 분은 이메일 double_en@naver.com으로 출간의도와 원고 일부, 연락처 등을 보내주세요. 즐거운 마음으로 기다리고 있겠습니다.

내 인생의 첫 책쓰기

글쓰기부터 책 출간까지의 모든 과정

김우태 지음

더블:엔

추천의 글

첫 책쓰기 vs. 정권지르기

저자는 첫 책을 쓰기 위해 지녀야 할 마음가짐에 대해 가감 없이 이야기해줍니다. 너무 서두르지도 쉬지도 않고 그저 빈 여백을 꾸준히 채워나가야 한다고. 정말 단순해 보이고, 누구나 할 수 있을 법한 말이지만, 사실 그건 첩첩산중에서 홀로 무도(武道)를 수련하는 무도인의 자세와 조금도 다를 바가 없습니다.

상대를 일격에 제압하는 최강의 필살기를 위해 무도인은 하루에도 수십, 수백, 수천의 정권지르기를 하기 마련입니다. 기본 중의 기본인 정권지르기를 무식하게 반복하는 게 어떻게 수련이 될까 의심스러울 수도 있습니다. 그러나 상대를 일격에 끝장낼 수 있는 필살기를 위해선 무엇보다 단단한 정권이 우선 만들어져야 하는 법입니다. 상대의 급소를 향해 내지른 정권 앞에 장애물이 들어와도 뚫고 지나칠 수 있을 만큼 강인한 주먹과 탄탄한 어깨, 상체를 지탱하며 전신의 힘을 허리에 실어줄 강력한 하체가 뒷받침되어야 하는 것입니다.

세상 그 누구도 이 가공할 위력의 정권이 언제쯤 완성되는지는 알 수 없습니다. 때문에 무도인은 하루에 수십, 수백, 수천의 정권지르기를 수련하고, 다음날, 그 다음날에도 지치지 않고 수련을 이어갈 수 있어야 합니다. 오로지 일격의 필살기가 완성될 그 날을 위해서.

다행히 저자가 그 고생을 하여 써내려간 이번 책은 아주 쉽게 잘 읽힙니다. 문장들이 하나같이 솔직하고, 담백하며, 유쾌해서 열린 마음으로 마지막까지 읽을 수 있었습니다. 그가 평소에 얼마나 오랜 시간을 들여 수련했는지를 단박에 알 수 있을 정도입니다. 그의 정진(精進)에 갈채를 보냅니다.

글쓴이
독립출판사 내리리 십오번지 편집장 **이경민**
1인독립출판을 통해 새로운 형태의 출판유통채널을 확립시키고자 애쓰는 사람

추천의 글

울림통이 엄청난 평범한 사람의 글쓰기

이 책을 읽고 이오덕 선생님께서 하신 말씀이 생각났다. 이오덕 선생님은 글쓰기가 유식한 사람들의 전유물이 되는 것을 반대하며 글은 농사를 짓는 사람이나 할머니나 어린이나 할 것 없이 모두에게 쉽게 읽혀져야 한다는 생각을 가지고 계셨다. 그래서 가장 잘 쓴 글은 쉽게 자신이 말하고자 한 내용을 요약하여 잘 담아낸 글이라고 하셨다.

이 책은 화장하지 않은 민낯의 얼굴을 보는 듯하다. 꾸밈없이, 너무나 솔직해서 천박해 보이기까지 한 내용도 있다. 그러나 그런 내용이 왠지 끌린다. 완전 무장을 해제시켜 버린다. 너무 햇빛이 강렬하여 스스로 옷을 벗게 되는 나그네 이야기처럼 편안함을 준다.

나는 저자와 블로그 이웃이다. 블로그에 올라오는 글들이 재밌고, 뼈가 있는 내용이 많아서 자주 보게 된다. 그리고 저자의 첫 책 또한 우편으로 받아 보았다. 《오늘도 조금씩》이라는 책을 밑줄 그어가며 읽었다. 저자가 책에서 표현했듯이 아무 생각 없이 썼던 내용이 다른 사람에게는 큰 깨달음을 줄 수 있다는 말. 내게 《오늘도 조금씩》이라는 책은 그렇게 다가왔다. 그 책을 읽고 나 또한 조금씩 글을 써 왔고 올해, 일생 첫 책인《트레이닝을 토닥 토닥》의 출간을 앞두고 있다.

저자는 나와 동년배이다. 책을 읽기 시작한 시점도 비슷하다. 학벌도, 직장도, 내세울 것 없는 것도 비슷한 보통의 사람이다. 그러나 그런 사람이 전하는 메시지는 울림이 있었다. 울림통이 엄청나다.
이 책은 시중에 나와 있는 글쓰기와 책쓰기 책 중 가장 알기 쉽게 표현하고 있다. 실질적인 책쓰기 전략뿐 아니라, 글쓰기에 대한 마음가짐에 대해서도 적혀 있다. 저자의 경험담을 너무 솔직하게 적어 놓아서 작가라는 직업이 친근하게 다가오기도 하였다.
나는 이런 종류의 책이 많이 나왔으면 좋겠다. 술술 읽히면서 유익한 내용이 담긴 책 말이다. 글쓰기를 사랑하는 모든 이에게 일독을 권해주고 싶은 책이다.

글쓴이
대한민국 최초 '피트니스 큐레이터' **김성운**
트레이닝과 강의 및 칼럼 연재를 주 업무로 하는 운동전문가

추천의 글

'책쓰기'라는 높은 계단에 오르는 쉬운 방법

책을 가까이 하다 보니, 나도 모르게 글쓰기에 관심이 생겼다. 글쓰기를 자꾸 하다 보니, 책쓰기에도 마음이 갔다. 지금 생각해보니 당연하다. 입력은 출력을 부르게 마련이다. 하지만, 취미 정도로 글쓰기를 하던 내게 책쓰기는 넘을 수 없는 벽처럼 느껴졌다. '그들은 어떻게 책을 썼을까?' 국내에 출간된 '책쓰기에 관한 책'을 거의 다 읽었다. 그 책들은 책쓰기에 관한 나름대로의 유용한 조언을 담고 있기는 했다. 어떤 과정을 거쳐서 원고가 만들어지고, 어떤 절차를 거쳐서 출간이 되는지 어렴풋하게나마 알게 되었다. 그럼에도 그 책들은 나로 하여금 '나도 책 한 번 써 볼까?' 하는 마음을 먹게 하지는 못했다.

'책쓰기에 관한 책'을 쓴 사람들 대부분은 나름대로의 '아우라'를 갖춘 경우가 많았다. 그러니까 그들이 딱히 글쓰기에 대한 대단한 인지도나 카리스마를 갖춘 것은 아니지만, 책을 내고는 싶은데 엄두를 내지 못하고 있던 나 같은 사람 입장에서는 나와는 다른 종류의 사람들로 비쳐졌다는 뜻이다. 그들은 대개 엄청나게 많은 책을 읽었거나, 그런 정도는 아니더라도 보통 사람들은 엄두도 내지 못할 만큼의 독서량을 갖춘 경우가 많았다. 글쓰기에 대단한 재능을 갖춘 정도는 아니더라도, 글쓰기에 특화된 사람들처럼 보이는 경우가 대부분이었다. '책쓰기 책' 저자들이 대개 "나는 책 쓸 주제가 못 되는데, 이렇게 책까지 썼다"라고 말하고 있음에도 불구하고, 그들은 충분히 그럴 만한 주제가 되는 것처럼 보였다.

이 책이 다른 '책쓰기 책'과 구별되는 점은 바로, 독자로 하여금 '이 사람이 나와 크게 다르지 않은 사람인 것 같은데, 책을 썼구나' 하는 안도감 내지 희망을 준다는 것이다. 저자는 독서나 글쓰기와는 거리 먼 삶을 살다가 서른두 살이 되어서야 독서와 책쓰기에 뜻을 두었다고 한다. 스스로 밝혔듯, 그에게 특별히 타고난 글쓰기 재능이 있었던 것 같지는 않다. 저자의 필력은 일정 기간 꾸준한 노력으로 얻어진 것으로 보이는데, 그 노력이라는 것도 다른 사람이 흉내 낼 수 없는 정도는 아닌 것 같다. 필자는 조금씩, 하지만 멈춤 없이 노력하여 필력과 콘텐츠를 갖춘 것으로 보인다. 우보천리(牛步千里: 소걸음으로 천리를 간다)라는 말이 있는데, 글쓰기에 대한 저자의 자세가 그랬던 것 같다.

이 책은 '책쓰기'라는 높은 계단에 오르는 쉬운 방법을 보여준다. 먼저 '나 같은 사람도 올랐으니, 당신도 오를 수 있다'며 용기를 북돋아주고는, 그 계단을 하나하나 오르는 방법을 일러준다. 필자가 주로 제시하는 방법은 '어깨에 힘을 빼고, 한 계단씩, 꾸준히 오르라'는 것이다. '어렵게 생각하지 말고, 잘 쓰려고 하지 말고, 조금씩 꾸준히 써 나가라'는 것이다. 필력을 향상시키는 방법, 자료를 모으는 방법, 원고를 만드는 방법, 출판사에 투고를 하는 방법, 계약이 성사되어 출간이 되는 과정 등을 속 시원하게 보여준다. 마치 이웃집 아저씨가 말해주듯 소탈하게 일러주어 술술 잘 읽힌다. 게다가 무척 재미있다. 각각의 목차는 책쓰기라는 긴 여정을 인도하는 훌륭한 이정표가 되어줄 것으로 보인다. 책을 쓰고는 싶지만, 감히 엄두를 내지 못하고 있는 사람들에게 특히 유용할 것 같다.

글쓴이
늘 읽고 생각하고 쓰는 사람 **고홍렬**
초등학교 교사. 네이버 블로거 hykoh94

추천의 글

'책쓰기'라는 막연한 길의 친절한 안내자

솔직, 담백, 간결하다. 경험에서 우러나온 글이라 격하게 공감이 되었다. 중간중간 키득키득 많이 웃기도 했다. 최근에 책을 내려는 사람들이 부쩍 많아진 것 같다. 인간내면에 잠재되어 있는 일말의 명예욕일까. 과거에는 지식이 소수엘리트들에 의해 수직으로 전파되었다면, 이제는 누구나 지식의 주체가 될 수 있다. 바야흐로 지식의 수평화 시대가 되었다. 지식의 주체가 되는 방법은 바로 책을 쓰는 일이다. 글을 쓰고 책을 쓰는 과정은 실로 경이롭다. 스스로를 돌아보고, 더 정확한 지식을 체득할 수 있는 효과적인 방법이다. 가보지 않은 길에는 늘 막연함이 있다.
이 책을 통해 책쓰기의 막연함을 해소할 수 있을 뿐 아니라 책쓰기의 영감 또한 얻을 수 있으리라 확신한다.
책쓰기를 시작하려는 사람들에게 강력 추천한다. 나도 책 출간 전에 이 책을 만났더라면 훨씬 수월하지 않았을까.

글쓴이
《책 읽느라 직장 그만둔 남자》의 저자 **임정**

머리말

결심

나는 구체적으로 '뭐가 되고 싶다' 하는 강렬한 소망 없이 그냥 되는 대로 살았던 기간이 길다. 대학도 남들 가니까 점수 맞춰서 갔고 취직도 그렇게 했다. 대학 시절 아버지의 권유로 세무 공무원을 준비하기도 했지만 (진정 내가 원하는 것이 아니어서 그랬는지) 매번 1점 차로 떨어졌다. 그러다 어느 날, 전공인 축산학을 살려 병아리감별사가 되기로 마음먹었다. 당시로써는 그나마 의욕적인 삶이었다. 뭔가 되고 싶은 게 생긴 셈인데 막상 외국으로 나갈 생각을 하니 앞이 캄캄했다. (병아리감별사는 주로 외국에 취업한다) 이것도 내가 진정으로 원하는 일이 아니었다… 그렇게 나는 시간에 밀려 살고 있었다.

그리고 지금의 아내를 만나 결혼을 하고 아내의 혹독한 훈육(?)을 통해 나는 다시 태어났다. 책을 읽기 시작한 것이다. 태어나서 교과서 말고는 책을 별로 읽지 않던 내가 32살부터 거의 매일 한 권씩 책을 독파해 나갔다. 정말 신들린 듯이 책을 읽었던 것 같다. 일하고 자고 먹고 싸는 시간 빼고는 오로지 책에만 묻혀 지냈다. 책을 읽다 보니 드디어 나에게도 꿈이 생겼다.

'내 이름 석 자가 박힌 책을 내보자' 라는 꿈이었다. 내 이름으로 된 아파트를 가져보자, 내 이름으로 된 땅을 가져보자, 라는 꿈이 아니었다. 그거야 내가 죽으면 곧 없어질 것들 아닌가. 나는 내가 죽어도 없어지지 않을 그 무엇인가가 필요했다. 그것이 바로 '책' 이었다. 땅이나 아파트가 수억 원의 가치가 있다고 한들 나 죽고 나면 무슨 소용인가. 그러나 책은 달랐다. 돈이 문제가 아니었다. 나의 사상, 나의 생각, 나의 모든 것이 들어 있는 가치 있는 존재인 '책을 만들어보자' 라는 꿈이 생긴 것이다.

책을 읽으면서 꿈이 생겼고, 그 꿈을 이루기 위해 나는 독서와 독후감 쓰기에 매진했다. 이번의 결심은 뭔가 달랐다. 세무공무원이나 병아리감별사가 되겠다고 생각했을 때는 이처럼 강렬하지 않았다. '이게 바로 나의 모습이구나, 내가 진정 원하는 일이 바로 이거였구나!' 를 깨달았던 것이다.

어느 날, 책을 읽다가 문득 글쓰기가 내 꿈이라고 직감했다. 눈물이 났고, 내 꿈을 찾아내자 집안을 방방 뛰어다니며 미친 듯이 소리를 지르며 울부짖었다. "바로 이거구나! 내가 바로 이거였어! 이제 나를 알았어!"

나는 32살에 꿈이 생겼고 40살에 꿈을 이루었다. 드디어 내 이름 석 자가 박힌 책을 낸 것이다. 그날의 기쁨은 말로 설명하기 힘들다.

자, 이제 여러분이 꿈을 이룰 차례다. 당신의 이름이 박힌 책을 나처럼 내보는 거다. 나는 대단한 사람이 아니다. 그냥 평범한 직장인일 뿐이다. 대기업을 다니지도 않는다. 명문대학교를 나오지도 않았다. 그냥 별 볼 일 없는 소시민이다. 이런 나도 책을 냈는데, 여러분들이 못 낼 이유가 뭐가 있겠는가. 내 경험을 솔직히 이 책을 통해 다 밝힐 것이다. 조금이라도 도움이 되었으면 좋겠다.

2017년 8월 현재, 나는 벌써 여러 권의 책을 출간했고, 집필 중인 원고도 여러 개 있다.

나는 전업 작가가 아니다. 새벽같이 일어나서 회사에 나가고 늦은 시간에 퇴근한다. 내가 선천적으로 글쓰기에 타고나서 이렇게 하는 것은 아니다. 누구나 가능하다. 누구나 가능하지 않으면 이 책을 쓸 필요가 없다. 정말 자신이 좋아하는 일을 만나면 이렇게 할 수 있다. 나처럼 늦게 꿈을 찾은 사람들은 부지런할 수밖에 없다.

글쓰기가 꿈이든 아니든 누구나 책 한 권쯤은 낼 수 있다. 인간이 모두 똑같지 않듯이 자신만의 스토리가 있기에 모두 가능하다. 세상에 태어나서 죽기 전에 자신의 책을 한 권쯤 남기는 작업은 매력적이지 않은가. 집안의 가보로 남겨줄 수도 있고, 세상을 살다간 흔적을 남기는 일에 책만 한 게 없다.

점점 책을 읽지 않는 사회로 가고 있다고 한다. 미디어 시대이기 때문에 독서인구가 줄어든다고 한다. 그렇지만 시대의 리더나 뛰어난 사람들은 모두 책을 읽었다. 읽을 사람은 아무리 미디어 시대라고 해도 읽는다. 결국, 그들이 세상을 끌고 간다.

나의 두 번째 종이책《소소하게, 독서중독》은 '책읽기'에 대한 내용을 담고 있다. 독서인구가 적다고 하지만 책을 쓴 사람보다는 많다. 읽기에 그치지 말고 쓰기까지 이어져야 한다. 언제까지 읽기만 할 것인가. 이젠 써야 한다. 책 읽는 것도 쓰기 위함이다. 독서는 최종 목적지가 아니다. 독서는 쓰기로 가는 과정이다.

32살 10월을 잊지 못한다. 꿈이 생긴 날이기 때문이다. 어찌 보면 늦은 나이일 수도 있지만, 빠르고 느림은 중요하지 않다. 꿈이 생긴 시점부터 끊임없이 노력하느냐 아니냐가 중요한 것이다. 늦게 시작한 만큼 오래 살면 된다. 더군다나 책쓰기는 늦을수록 좋다. 경험치가 많기 때문에 주절거릴 말이 많다. 독자 여러분이

이 책을 펴든 이유는 '나도 책 한번 써보고 싶어서' 일 것이다. 그 정도 열정만 있어도 책을 낼 수 있다고 믿는다. 대신 너무 서두르지 말자. 찬찬히 하다 보면 책을 낼 수 있다. 그 과정에 이 책이 도움이 되었으면 한다.

자, 서두르지도 쉬지도 말자. 이 마음으로 끝까지 지켜낸다면 누구나 책을 펴낼 수 있다.

김우태

C/O/N/T/E/N/T/S

추천의 글

머리말 결심 12

#1 글쓰는 방법

책쓰기의 시점 22
매일 한 꼭지씩 쓰기 27
시간 제약을 두고 한 꼭지 완성 32
나는 서평 대신 독후감을 썼다 37
단문으로 쉽게 쓰기 42
영감이 떠오르면 메모하기 46
인용하면 한 쪽 채우기가 쉽다 50
글이라 생각하지 말고 말하는 거라 생각하자 55
시간 나는 대로 집필한다 60
블로그에 저장해놓자 65

목차를 잡지 않고 글을 썼다 70
꼭지의 모든 글을 잘 쓸 필요는 없다 75
도대체 뭘 쓰냐고 1 80
쫄지 말고 쓰자 85
도대체 뭘 쓰냐고 2 91
책쓰기는 블로그 쓰기와 다르다 96
퇴고할 땐 반드시 소리 내어 읽자 1 101

2 책을 내는 방법

첫 책은 반드시 종이책으로 낸다 108
출간기획서 쓰기 116
출판사 이메일 수집하기 123
원고투고 엑셀파일 만들기 130
온라인으로 작업하기 136
내 책이 서점에 진열된 것을 상상해보자 143
될 때까지 투고한다 149
편집자는 언제나 옳다 156
초판 1쇄 그리고 인세 163
책 가격은 누가 정하나? 170

3 책을 내고 달라진 삶

책을 내면 사고가 바뀐다 180

첫 책 내면 두 번째는 쉬울까 185

인생역전을 꿈꾸다 189

결국 책을 써내는 사람은 거의 없다 194

저절로 돈이 들어오는 시스템을 만들자 199

박사학위를 딸까? 책을 쓸까? 204

로또1등 당첨보다 인세를 받는 건설적인 꿈 209

책쓰기 위해 직장을 그만둘까? 213

글쓰기 자체를 사랑하는가? 217

사람은 죽어도 책은 남는다 222

맺음말 조급하면 안 된다 228

이 책을 편집하며

- 보조용언과 전문용어는 띄어쓰지 않고 붙여 썼습니다.
- 그리고 표기법에 맞지 않더라도 이미 우리나라 사람들 사이에서 굳어진 말은 그대로 표기했습니다.

1

글쓰는 방법

책 쓰기의 시점

첫 책이 나온 후, 독자들의 반응을 보려고 내 책에 대한 리뷰를 찾아봤다. 어떤 분께서 이런 글을 올리셨다.

'이 정도는 나도 쓰겠다.'

옳거니! 바로 이런 생각이 들 때가 바로 책을 쓸 시점이다. 남들이 써 놓은 책이 만만해 보일 때, 유치해 보일 때, 허접스러워 보일 때가 바로 책을 쓸 시점이다. 독서는 잠시 미뤄두고 자신만의 무언가를 정리할 시간이 온 것이다.

결혼 후 책을 읽기 시작할 때 주로 접한 분야는 '자기계발'이었다. 자기계발서는 삶에 대한 지침, 교훈이 필요했던 나에게 잘 맞았고 쉬워서 좋았다. 1,000권 이상 자기계발서를 탐독했다. 읽다 보니 대충 어떻게 돌아가는지 보였고, 배운 것을 실천에 옮기면서 나름 정리도 해보았다. 어느 순간 나도 한 권 써도 될 듯싶었다. 자기계발서를 돈 주고 사 보기가 아까워졌고 시시해지기 시작했다. 그 후로 나는 독자에서 저자로 삶의 궤적을 옮겼다.

'나도 한번 써 보자.' 내 이름이 박힌 책이 갖고 싶었다. 나만의 이야기로 독자에게 다가서고 싶었다. 돈을 벌 욕심보다는 그저 이름 석 자에 대한 욕심이 컸다. 명예욕이 높았던 것 같다.

무협 소설을 많이 읽은 사람이 있는데, 그는 어느 순간 직접 소설을 썼다. 아마도 대한민국에서 나온 무협지는 거의 다 읽어봤을 것이다. 더 읽을 게 없으니 이젠 직접 쓴다. 그릇이 차고 넘치면 토해내야 한다. 자신의 것으로 가공하여 새로운 것을 만들어 낼 차례인 것이다.

예전에 회사 일로 컨테이너에서만 생활했던 적이 있었다. 인터넷도 안 되고 할 만한 게 딱히 없었다. 종이만 몇 장 뒹굴고 있었을 뿐 스마트폰도 없던 때였다. 거기서 지내는 동안 깜짝 놀랄 만한 일이 일어났다. 내가 글을 쓰고 있었던 것이다. 당시에는 책을 거의 안 읽던 시절이었고, 읽은 책도 거의 없었다. 무협 소설 몇 권 읽어본 게 다였는데 내가 무협을 쓰고 있었다. 그때 알았다. 아무것도 없는 상황에서 사람은 글을 쓴다는 것을.

종이와 펜만 던져주면 어느 누구든 작가가 된다는 것을 나는 그때 알았다. 그림을 그릴 수도 있고, 작곡을 할 수 있을지도 모르겠다. 나의 경우엔 글을 썼다. 한번 실험해보시라. 연차를 내서 일주일 동안 스마트폰 끊고 인터넷 끊고 책 끊고 아무것도 없이 그냥 있어 보는 것이다. 만날 사람도 없이 그저 홀로 있어야 한다. 그러면 반드시 글을 쓰고 있는 자신을 발견하게 될 것이다. 가진 거 없어도 배운 거 없어도 쓰게 된다. 인간은 심심한 것을 못 참는다. 글을 쓰고 싶다면 주변의 것을 다 없애는 것도 좋은 방법이다. 전화기 던지고 인터넷 끊고 절간으로 원고지 뭉치 들고 들어가는 것이 보통 작가들이 하는 방법이다. 이외수 작가는 자신의 집에 창살을 설치해서 감옥을 만들어 그 속에 들어가 앉아 있었다고 했다.

읽은 책이 없지만 그래도 책을 쓰고 싶다면 어떻게 하는가? 당연히 써야 한다. 준비되지 않았어도 쓰고 싶은 마음이 생기면 써야 한다. 묵혀두면 안 된다. 바로 책을 써야 할 시점이다. 준비를 다 한 후 책을 쓰고자 하면 절대로 책을 쓸 수 없다. **발심이 생겼을 때 써야 글이 잘 써진다.** 가진 거 없고 배운 거 없고 읽은 거 없어도 쓰다 보면 뭔가 생긴다. 쓰기로 마음먹고 매일 조금씩이라도 쓰면 거기에 맞는 상황들이 펼쳐진다. 준비가 돼서 책을 쓰는 게 아니라 책을 쓰다 보면 자연스럽게 준비가 된다.

'지금은 일할 때다' '나중에 은퇴해서 시간이 나면 써야지' '아직 때가 되지 않았다' '내가 뭐 잘났다고 책을 쓰겠는가?' '책은 아무나 쓰나?' '더 배우고 와서 써야지' '도저히 시간이 나지 않는다' 이런 생각에 압도되면 절대로 책을 쓸 수 없다. 하나하나 살펴보자.

1. 지금은 일할 때다

맞다. 일해야 할 때다. 그런데 일만 하는 건 아니다. 밥도 먹고, 똥도 싸고, 여행도 가고, 게임도 하고, 텔레비전도 보고, 멍도 때리고, 야구장도 가고, 잠도 잔다. 일만 한다고 뻥치지 말자. 일할 시간에는 일하고 약간의 시간이 나면 글을 쓰면 된다. 엄살 부리지 말고 지금 당장 써라.

2. 나중에 은퇴해서 시간이 나면 써야지

장담하건대, 은퇴한다고 절대로 시간이 나는 게 아니다. 지금 안 쓰면 은퇴해서는 더 못 쓴다. 글도 써본 놈이 쓴다. 나이 들어서 쓰면 더 안 써진다. 지금 당장 써라.

3. 아직 때가 되지 않았다

도대체 당신이 말한 그때는 언제 오는가? 거기에 대해 확실한 답변을 할 수 있는가? 없다면 지금 당장 써라.

4. 내가 뭐 잘났다고 책을 쓰겠는가?

책은 개나 소나 다 쓴다. 뭐 잘나서 쓰는 것도 아니다. 쓰다 보면 잘나지는 거다. 도대체 언제 잘나서 언제 쓰려고 하는가? 지금 당장 써라.

5. 책은 아무나 쓰나?

개나 소나 다 쓴다고 했다. 지금 당장 써라.

6. 더 배우고 와서 써야지

배움의 끝이 있는가? 지금까지도 당신은 많이 배워왔다. 그걸 가지고 쓰면 된다. 더 배워서 뭐하려고 하는가. 책 쓰면서 배워도 된다. 지금 당장 써라.

7. 도저히 시간이 나지 않는다

누군 시간 나서 책 쓰는가? 다 쪼개고 아껴서 쓰는 거다. 착각하지 말자. 지금 당장 써라.

나의 첫 책은 자기계발서였다. 약 70꼭지로 이루어졌다. 한 꼭지의 글을 쓸 때 글자크기 10포인트로 A4용지 한 장을 채웠다. 그런 글이 총 70개 정도 모이니 책 한 권 분량이 되었다. 단순한 계산으로도 하루에 한 꼭지씩 70일을 쓰면 책을 낼 수 있다는 얘기다.

글을 쓸 때는 주제를 잡고 그 주제에서 벗어나지 않도록 노력해야 한다. 주제를 잊으면 쓸데없는 말을 하게 되고, 앞뒤가 맞지 않는 주장을 펴게 된다. 물론 나중에 퇴고 과정에서 고치면 되지만, 주제를 잊고 있으면 더 이상 글도 써지지 않는다. 통으로 하나의 이야기를 써도 되고, 두 부분으로 나누어서 써도 좋고, 세 부분, 네 부분도 좋다. 글 실력이 있으면 통으로 하나의 이야기를 쓸 수 있을 것이다.

그러나 사실 초보들은 그렇게 못 쓴다. 다음 방법을 추천한다. 나도 글발이 달려서 글로는 다 이야기 못하니 그림을 첨부하면서 설명하겠다.

A4용지가 있다고 치자. 이 한 쪽을 글 한 꼭지로 채우는 거다. 맨 위에는 제목이 들어갈 것이다. 그러면 나머지 부분을 채워야 하는데, 글을 쉽게 쓰려면 4개의 부분으로 나눈다. 종이를 접어도 좋다. 다음 그림을 보자.

제목: 어쩌구 저쩌구

1.

2.

3.

4.

주제(제목)에 관련된 이야기 4개를 채워 넣는 거다. 각각의 내용이 달라도 되고, 비슷해도 된다. 주제만 통일되어 있으면 된다. 그러니까 한 개의 주제로 4가지의 이야기를 한다고 생각하면 쉽다. 이렇게 글을 쓴다고 생각하면 잘 써진다. 즉, 글을 잘게 쪼개서 쓰는 방법이다. 이런 식으로 한 쪽을 완성하고, 나중에 2차로 원고를 검토하거나 내용을 추가할 때도 같은 요령으로 글을 쓴다. 그러면 한 꼭지 글이 이런 식으로 진행된다.

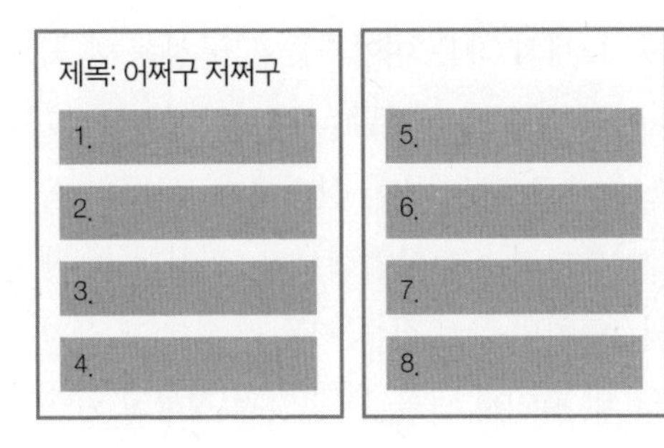

주제만 통일된다면 내용은 어떤 것이든 상관없다. 심지어 내용이 이어지지 않아도 된다. 이렇게 한 장을 덧붙이면 A4 두 장 분량으로 한 꼭지의 글이 완성된다. 3차로 검토할 때 한 장 더 붙이면 다음 그림과 같이 될 것이다.

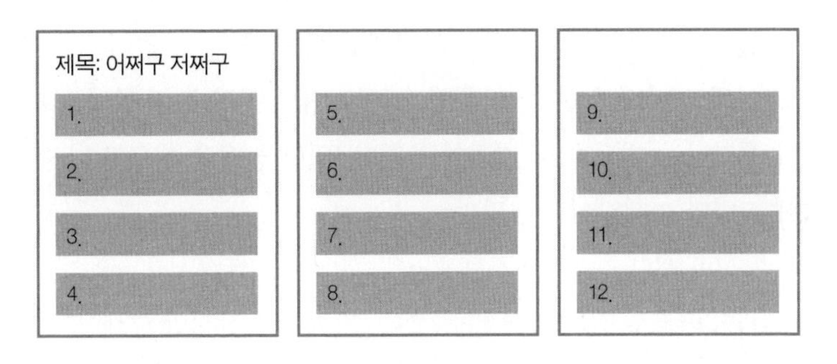

원고량이 늘어났다. 총 12개의 작은 이야기들로 구성된 한 꼭지글이 완성된 것이다. 이런 식으로 꼭지글을 풍성하게 만들 수 있다. 이해가 되지 않으면 다른 책을 한번 살펴보자. 하나의 꼭지글이 몇 덩이의 글로 이루어졌는지 확인해보자. 필자의 첫 책 《오늘도 조금씩》은 거의 4덩이의 글로 한 꼭지를 구성했다. 각자의 스타일대로 한 꼭지당 몇 덩이로 글을 쓸 것인지 정하고 글을 쓰면 원고분량을 늘리기 쉬워진다.

글을 쓸 때는 집중적으로 쓰는 것이 좋다. 그래서 매일 쓰는 게 가장 좋다. 글을 쓰다가 오랫동안 쉬고 다시 쓰려고 하면 감이 잡히지 않는다. 책의 통일성, 일관성도 떨어진다. 되든 안 되든 집중적으로 책 한 권의 분량을 채운다는 느낌으로 쓰는 것이 좋다. 나중에 퇴고의 과정을 통해 고치면 된다. 일단 뭐든 써놔야 고칠 수 있다. **처음부터 잘 쓰려고 하면 절대로 책을 쓸 수 없다.** 그냥 되는 대로 써봐야 한다. 맞춤법, 띄어쓰기도 신경 쓰지 말자. 그냥 생각나는 대로 마구 지껄이는 거다. 일단 공백을 채우고 나중에 고친다는 생각이라면 맞다.

나는 퇴근 후 집에 와서 글을 썼다. 가족에게 잠시만 양해를 구하고 글쓰는 시간을 확보했다. 아내가 뭐 좀 시켜먹으려고 하면, "나 지금 집필 중이니까 이따 해줄게" 라면서 글에 집중했다. 아무런 생각 없이 컴퓨터 앞에 앉아서 글이 나오길 기다리기도 했고, 회사에서 일하다가 글감이 떠오르면 메모해놨다가 집에 와서 풀어내기도 했다.

제일 중요한 것은 매일 글을 쓰는 행위다. 일단 써야 한다. 될 수 있으면 하루도 거르지 말고 쓰는 편이 좋다. 일요일에도 쓰는 게 좋다. 물론 상황이 어쩔 수 없다면 그냥 패쓰~하고 다음날을 기약한다. 너무 억지로 해도 지친다. 그러면 끝을 볼 수 없다.

그렇게 약 3개월 동안 글을 쓰면 대충 책 한 권 분량의 글이 모인다. 그러면 이걸 다시 읽지 말고 묵혀둔다. 다른 일을 하면서 이 원고에 대해서는 잊는다. 그러다가 어느 정도 시간이 흐른 뒤에 원고를 꺼내 들고 퇴고를 시작한다. 왜 이렇게 하냐면, 글을 다 쓰자마자 퇴고를 하면 지겹기 때문이다. 그게 가장 큰 이유다. 그리고 시간을 둬야 오류를 잡을 수 있다. 나중에 글을 꺼내 들었을 때 '이거 내가 쓴 글 맞나? 내가 이런 글을 썼나?' 싶으면 딱 좋다. 이 원고도 쓴 지 1년 만에 다시 꺼내 든 것이다.

시간 제약을 두고 한 꼭지 완성

내가 아는 작가는 하루에 4시간씩 글을 쓴다. 그는 전업 작가가 아니다. 그럼에도 불구하고 매일 출근 전, 퇴근 후 글을 쓰고 있다. 나는 그렇게 못한다. 사람마다 필력이 다르다. 그렇게 쓸 수 있는 사람이 있고, 하루에 한 쪽만 쓰는 사람이 있다. 많이 쓴다고 부러워할 필요는 없다. 생긴 대로 쓰면 되는 거다.

나는 보통 한 꼭지 글을 쓰는데 20분 정도 걸렸다. 그 이상 쓰지는 않았다(아니, 못했다). 어떻게든 A4 한 쪽을 채우려고 했고 만약 못 채우면 다음 날로 넘겼다. 다음 날 다시 잡고 쓰면 글이 술술 풀리는 경우가 많았다. 빠르게 쓰면 5~10분이면 족했다. 시간을 충분히 갖고 쓰지 않았다. 머리를 쥐어짜듯 촉박하게 글을 썼다. **초고는 늘 그렇듯이 투박하고 중구난방이 될 수밖에 없다.**

그런 거 같다. 초고를 쓸 때는 마구 써야 한다. 그냥 되는 대로 써야 한다. 빈 공란을 채운다는 생각으로 해야 한다. 스케치북에 마구 붓칠을 하듯이 쓰는 것이다. 시간 제약을 두면 좋을 것 같다. 그러면 자신도 모르게 글이 써질 때가 있다. 마감 시간에 걸려 기자가 글을 짜내는 것과 같은 이치다. 시간이 촉박하면 오히려 글이 잘 안 써지는 사람도 있다. 이 방법은 모든 사람에게 적용할 수 없다. 이 방법이 싫다면 다음 장으로 그냥 넘어가자.

시간 제약을 두는 이유는 어떻게든 원고를 쓰기 위해서다. **표현법이나 문장보다는 내용에 신경 쓰면서 글을 쓴다.** 그게 초고를 작성하는 방법이다. 절대 아름다울 리 없다. 투박하고 유치하다. 시간을 넘기지 않기 위해 어떤 내용이든 뇌에서 끌어당기기 시작한다. 퍼져 있으면 절대로 나올 리 만무한 것들이 나올 때가 있다. 그런 것들을 일단 받아 적는다. 그러다 보니 사실 나중에 퇴고할 때 이게 내가 쓴 글인지 헷갈릴 데가 많았다. 시간이 촉박하기에 정신없이 글을 뇌까려 놓는 것이다. 심사숙고가 없다. 말초적이기까지 하다.

대신 주제문장을 꼭 잡고 있어야 한다. 샛길로 빠지면 안 된다. 글의 통일성, 일관성이 떨어지면 그건 글이 아니다. 낙서일 뿐이다. 책으로 내려고 하는 글이라면 그 정도는 맞춰줘야 한다. 다른 건 다 몰라도 된다. 대신 통일성, 일관성은 반드시 지켜야 한다. 그래야 읽는 독자가 헷갈리지 않는다. 헷갈리기 시작하면 안티팬 양성이다.(물론 퇴고를 통해 고칠 수 있고, 그도 안 되면 편집자가 해주기도 하겠지만, 최악의 경우 책이 못 나올 수도 있다)

보통 쓰기 시작하면 한 쪽을 마무리 짓는 편인데, 이것저것 신경 쓸 일이 생기거나 누군가 말을 걸어오면 더 이상 진도를 나갈 수 없게 된다. 그럴 때는 과감히 포기하고 쓰던 것을 놓는다. 글을 쓰다가 아내가 밥 먹으라고 소리치면 나는 글쓰기를 멈추고 밥을 먹는다. 그래야 가정의 평화가 유지된다. 물론 진짜 내가 꼭 써야 할 상황이라면 아내에게 양해를 구하고 글을 마감한다. 그렇지 않은 경우엔 그냥 아내의 말을 따라준다. 밥 먹고 나서 글을 다시 쓰려고 하면 조금 전까지는 생각도 안 나던 것들이 술술 풀려 나올 때가 있다. 글이 잘 안 써지면 잠시 휴식을 취하는 것도 좋은 방법이다.

흔히 새벽 시간을 창조의 시간이라고 부른다. 많은 사람이 이 새벽 시간을 이용해서 독서를 하고 창작을 한다. 효율이 좋다. 작가로서 글이 술술 풀린다는 뜻이다. 잠에서 깨어난 새벽의 상쾌한 공기를 머금고 청명한 머리로 창조해내는 것이다. 실제 새벽 시간에 글이 잘 써지는 경험을 했다. **저녁에 글을 쓰는 것은 짜내는 느낌이 강한데 새벽 글은 톡톡 터져 나온다고 표현하면 맞을까**. 그래서 나도 새벽에 글이 더 잘 써진다는데 동의한다.

새벽 글은 '출근'이라는 시간 제약이 자연스럽게 걸린다. 시간이 무한정하지 않다. 더군다나 새벽 시간의 질은 다른 시간에 비해 2~4배 정도 강력하다. 새벽에 일어날 수만 있다면 이 꿀같은 시간을 이용하는 게 좋다. 그러나 직업적 특성으로나 바이오 리

듬상 새벽 시간이 맞지 않는다면 굳이 새벽을 고집할 필요는 없다. 자신만의 시간을 정해서 글을 쓰는 게 낫다. 나는 새벽잠이 많은 편이다. 새벽에 일어나면 온종일 피곤하다. 꼭 낮잠을 자야 한다. 글을 쓰기 위해 새벽에 일어나기를 몇 번 해봤지만 다른 생활이 엉망이 되었다. 새벽 시간이 좋은 줄은 알겠지만, 새벽을 이용할 수 없는 삶의 패턴이 있는 나로서는 역부족이었다.

나는 글쓰는 시간을 딱 정해놓지 않고, 그냥 생활 속에서 '이때다' 싶은 시간에 글을 썼다. 잠시 쉬는 시간, 점심시간, 여유시간, 밥 먹기 전, 자다 말고 급작스레 영감이 떠오를 때, 샤워한 후 등등 시간이 날 때마다 썼다. 그게 내 생활방식에 맞았다. 그럼에도 불구하고 나는 아직도 새벽의 짜릿한 글쓰기를 동경하고 있다. 분명 가성비가 좋은 시간이다.

글은 이미 머릿속에 있다. 밖에 있는 것이 아니다. 머릿속에 잔뜩 들어차 있는데 그걸 꺼내오지 못할 뿐이다. 꺼내는 연습을 안 해서 글이 어디에 숨어 있는지, 어떻게 찾아와야 하는지, 어떻게 풀어내야 하는지 모를 뿐이다. 일종의 낚시라고 생각하면 쉽다. 나는 내 머릿속에 낚싯줄을 드리우고 기다린다. 장비는 컴퓨터 자판이다. 자판에 손을 올려놓고 머릿속에는 낚싯줄을 드리우고 있다. 미끼를 사용할 수도 있고 안 할 수도 있다. 미끼가 될 만한 것은 책, 영상, 사색이 된다. 확실히 미끼가 있으면 월척이 쉽게 걸려 나온다. 그러나 미끼 없이 낚싯대만 드리우고 있으면 뭐가 걸려들지 모른다. 잔챙이일 수도 있고 대어일 수도 있다. 미끼가 있으면 그 미끼를 좋아하는 글만 올라오는 경향이 크지만, 미끼가 없으면 뭐가 걸려 올라올지 모른다. 직업전선에 뛰면서 미끼 없이 글을 쓰기란 사실 힘들다. 시간이 촉박하기 때문에 보통 미끼를 쓰는데, 오늘같이 한가한 일요일 아침에는 미끼 없이 낚는다. 바로 이 꼭지 글이 미끼 없이 낚은 글이다.

다시 앞으로 돌아가서, 시간 제약을 두고 글을 쓰면 머리를 쥐어짜내는 효과가 있다. 극도의 효율을 높이려는 거다. 구체적으로 '20분 후까지 글을 쓰고 만다'라고 결정하는 거다. 그러나 그것이 강제적이지 않을 때는 머리도 똑똑한 놈이라서 글을 보내주지 않는다. 확실한 강제가 필요하다. 예를 들어 출근을 7시에 한다면 출근 준비를 다 마치고 6시 30분에 책상 앞에 앉는다. 그리고 기다린다. 딱 30분 후면 출근을 반드시 해야 한다. 그러므로 머리는 알아차린다. '아, 진짜 30분밖에 시간이 없구나. 빨리 주인님을 위해서 글을 보내드려야겠다. 안 보내주면 또 하루 종일 얼마나 나를 구박할까' 용케 알아차리고 머리는 나를 위해 글을 보내준다. 어떨 때는 출근 5분 전까지 보내주지 않다가 출근하려고 하면 막 보내주기도 한다. 머리가 나를 놀리는 거다.

필력을 늘리고 싶다면 당연히 글을 써야 한다. 그것도 자주 쓸수록 좋다. 틈나는 대로 쓰는 게 좋다. 하지만 아무것도 없이 어찌 글을 쓰겠는가. 글감이 있어야 쓸 거 아닌가. 감상문을 쓰는 게 제일 좋다. 영화를 보고 나서 감상문을 쓰거나, 책을 읽고 감상문을 쓰면 된다. 뭔가 할 말이 생긴다. 따라서 저자가 되려면 반드시 영화를 보든 TV드라마를 보든 광고를 보든 책을 보든 사람을 만나든 여행을 가든 공부를 하든 뭔가를 사용하든 반드시 거기에 대한 글을 쓰는 것이 좋겠다.

쓰되, 분량을 채우는 연습을 해야 한다. 글자크기 10포인트로 A4용지 한 쪽 채우는 연습을 꾸준히 하는 것이다. 결국 이것이 버릇이 되고 몸에 습득될 때 책을 쓸 수 있는 힘이 생긴다. 몇 줄 안 되는 쪼가리 글 가지고는 절대로 책을 낼 수 없다. 유명인이 아니라면 말이다. 최소한 A4 한 쪽은 써낼 수 있어야 한다. 그걸 기르기 위해서는 감상문을 쓰는 게 제일 좋은 방법이다.

나는 약 1,000편의 독후감을 쓰면서 필력을 키웠다. 누가 가르쳐준 것도 아니고 홀로 독학한 셈이다. 그저 책으로 조금 배웠을 뿐, 글쓰기에 대해서 전문적으로 배운 적이 없다. 정말 잡초처럼 글을 써왔다. 나처럼 해도 된다. 꼭 누군가에게 글을 배울 필요는 없다. 결국 자신의 글은 자신의 스타일대로 쓰는 게 맞다. 마음에 드는 작가의 책을 필사하는 방법도 꽤 좋은 방법이다. 만약 감상문 쓸 자신이 없다면 필사라도 하자. 그러면 필력이 는다. 이것도 A4 한 쪽 분량을 매일 꾸준히 하면 좋다.

나는 배상문 작가를 좋아했다. 그의 글투는 참 칼칼했다. 그 맛이 좋아 그의 책을 필사했다. 나도 모르게 그의 말투가 나에게도 장착이 되었다. 내 책의 일부분에서 보이는 칼칼함은 그의 책을 필사하면서 습득한 것이다. 유머 있는 글을 쓰고 싶으면 그런 책을 찾아 필사해보기를 권한다. 쓰다 보면 자연스럽게 는다. 외우려고 하는 게 아니라 그냥 쓰는 거다. 마치 내가 그가 된 것처럼 느끼면서 쓰다 보면 저절로 손가락이 배운다. 그래서 말인데 자, 어떤가? 나의 첫 책《오늘도 조금씩》으로 필사를 해 봄이… 아니면《소소하게, 독서중독》은? 죄송하다. 독자여~

책을 읽고 글을 쓸 때 나는 서평 대신 독후감을 썼다. 서평과 독후감은 서로 비슷한 면이 있어 혼용해서 사용하기도 하지만 따지고 들면 둘은 다르다. 먼저 '국립국어원 표준국어대사전'에서의 사전적 의미를 살펴보자.

* 서평[書評] : 책의 내용에 대한 평
* 독후감[讀後感] : 책이나 글 따위를 읽고 난 뒤의 느낌. 또는 그런 느낌을 적은 글

사전적 의미는 둘 다 비슷하다. 아무튼 책을 읽고 난 후 평하거나, 또는 글의 느낌을 적는 행위를 말한다. 이들의 차이점은 뭘까? 이희석이 쓴《나는 읽는 대로 만들어진다》를 보면 이에 대한 답을 알 수 있다.

"책을 대하는 두 가지 태도가 있다고 한다. 객관적인 이해와 주관적인 이해. 책에 대한 객관적인 이해를 바탕으로 한 글이 서평이다. 주관적인 이해를 바탕으로 한 글은 독후감이 된다."

글을 처음으로 쓰는 초보들에게 평가하라고 하면 못한다. 평가도 뭘 알아야 할 수 있는 거다. 거창하게 글을 쓰라고 하면 단 한 줄도 못 쓴다. 그래서 책을 읽고 난 느낌을 쓰는 거다. 이게 독후감이다. 책을 읽고 느낌을 쓰라고 하면 누구나 쓸 수 있다. 좋았다 싫었다, 부터 시작할 수 있다.

나는 독후감을 쓸 때 A4 3장 이상 썼다. 3쪽을 채우는 게 쉽지

않을 것 같지만 사실 쉽다. '내 느낌'으로 3쪽을 모두 도배할 필요는 없다. 책에서 발췌한 것을 써넣고, 저자에 대해서 써넣고, 줄거리를 써넣고, 내 느낌을 버무려서 써넣으면 된다.

하다 보면 자신만의 형식이 정해진다. 스타일대로 하면 된다. 물론 이것이 꼭 정답은 아니다.

1. **제목** : 책의 제목을 쓴다.

2. **책 정보** : 1판 1쇄, 2017년 출판, 출판사 이름, 저자 이름, 책 읽은 기간 등등을 간략하게 쓴다.

3. **저자** : 저자에 대해서 발췌한다.

4. **밑줄** : 책을 읽으면서 밑줄 그었던 부분을 발췌해서 옮긴다. 많으면 3~4장도 된다.

5. **느낌** : 밑줄마다 내 생각을 써넣어도 되고, 밑줄을 다 발췌하고 통합적으로 써도 된다.

독후감을 쓰면서 나도 모르게 글쓰는 것에 대한 두려움이 없어졌다. **꼭 글 실력이 늘었다고 말할 수는 없지만, 글을 만만하게 보는 용기는 생겼다.** 자주 대하면 별거 아니라는 생각이 드는 거다. 책을 쓰려는 사람이 글쓰기에 대한 공포가 있다면 글이 제대로 나올 수 없다. 글을 압도할 수 있어야 완고(完稿)가 나온다. 쓰고 싶어 환장해야 한다. 어쩔 수 없이 쓰는 글이 아니라야 한다.

책을 어느 정도 읽은 사람이라면 독후감을 하산하고 서평을 쓸 수 있다. 책에 대한 안목이 생겼기에 가능하다. 보다 객관적으로 쓸 수 있다면 서평에 도전해보는 것도 좋다. 어디까지나 쓰는 행위 자체가 필요하다. 독후감이 됐든 서평이 됐든 일기든 뭐든 쓴다는 것이 중요하고 필요하다. 쓰기를 취미로 만들자. 매일 써야 한다.

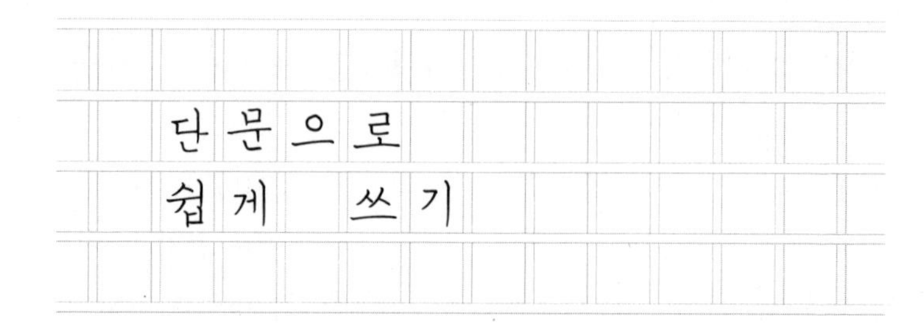

기생충 학자로 유명한 서민 교수는 글쓰기는 '없어 보이더라도' 쉽게 써야 한다고 말했다. 유시민 작가도 '단문으로 쓰라'고 주문한다. 과거에는 어렵게 현학적으로 썼다. 그들만의 리그로 진입장벽이 높았다. 쉬운 말이 분명히 있는데, 쉬운 말을 쓰면 학자로서 작가로서 없어 보였던 것이다. 뭔가 고차원적으로 어려운 단어를 써야 '있어' 보이고 많이 배운 사람처럼 보였던 것이다. 그러나 그건 옛날이야기가 되고 말았다. 요즘은 절대로 그렇게 쓰면 안 된다. 아무도 읽지 않기 때문이다. 아니, 지금 시대에 책 말고도 다른 할 거리가 넘쳐나는데 어렵게 쓴다? 미친 짓이다. 쉽게 써도 읽을까 말까인데 어렵게 쓴다? 똘아이짓이다.

물론 요즘 대세는 쉽게 쓰기다. 초등 눈높이로 쓰면 딱 맞을 거 같다. 그런데도 어렵게 쓰는 사람들이 있다. 문학비평가들이다. 그들의 글을 보면 완전 돌아가시기 일보 직전이다. 궁금하면 시집이나 소설책 뒤에 붙어 있는 비평을 읽어보자. 뭔 소린지 참 어렵다. 자기만 안다? 어쩜 본인도 모를지도 모른다.

쉽게 풀어쓸 수 있어야 진짜 실력자다. 예를 들어, 학교 다닐 때 공부 잘하는 애들에게 수학 문제를 물어봤다고 치자. 공부를 잘하는 아이는 정말 쉽게 설명해준다. 선생님보다 낫다. 나의 눈높이에 맞춰 차근차근 아주 쉽게 말해준다. 작가가 되려면 이래야 한다. **아주 어려운 것을 아주 쉽게 독자에게 알려줄 수 있다면 작가로서 성공할 수 있다.** 어려운 철학, 인문, 역사, 음악, 미술 등등을 쉽게 풀어낼 수만 있다면 말이다.

쉽게 쓰고자 할 때 기본은 단문이다. 중문이나 복문은 되도록 쓰지 않는다. '주어+술어' 만 있어도 말이 된다. 형용사를 뺄 수 있으면 줄인다. 그러면 문장이 담백해지고 쉬워진다. 한 문장에 주어와 술어는 단 하나씩만 있으면 된다. 《대통령의 글쓰기》의 저자 강원국은 자신의 책에서 프랑스 철학자 볼테르의 말을 인용했다.

"형용사는 명사의 적이다."

담백한 문장을 쓰기로 유명한 김훈 작가는 또 어떤가. 그는 군더더기 말을 제거하고 정말 필요한 말만 쓰려고 하는 작가 중 한 명이다. 그의 소설을 읽어보면 참 담백하다. 문장을 화려하게 쓰려고 하기보다 단순, 담백하게 쓰도록 노력해야 한다. 안 그러면 자꾸 만연체가 되어간다.

책을 쓰고 싶은데 뭘 쓸지 모르겠다면 자신이 가장 좋아하는 것부터 써보자. 동생에게 쉽게 설명해준다는 생각으로 쓰면 된다. 야구를 좋아하면 야구에 대해서 쉽게 써보는 거다. 누가 읽을까? 읽는 사람이 있다. 야구를 좋아하는 사람들은 읽는다. 물론 세세한 건 출판사 편집자가 정하겠지만 일단 쓸 수 있는 것을 써야 한다. 일단 쓰고 책으로 낼 정도의 분량이 나오면 가능성이 커진다. 중요한 것은 분량이다. 그 정도를 채울 수 있는 필력이 있는지, 알고 있는 게 많은지가 관건이다. 이 두 가지가 복합적으로 맞아떨어질 때 출간이 가능해진다. 필력이 떨어지면 매일 쓰기 연습을 하면 될 것이고, 아는 게 적으면 매일 공부하면 된다. 그렇게 10년쯤 지나면 책 한 권 쓸 수 있다. 내가 그랬다. 필력도 없었고, 아는 것도 없었다. 계속하다 보니 8년 만에 책을 냈다. 그러니 이 둘 중 하나만 약하다면 절반인 4년 만에 책을 낼 수 있을 거라고 본다. 이 두 가지가 다 갖춰지면 당장 낼 수 있다.

필력이 걱정되지만, 단문으로만 쓴다고 생각하면 의외로 쉽다. 필력이 거의 필요 없어진다. 말을 자꾸 길게 하려니까 글이 안 써지는 거다. 짧게 쓰자. 문장을 연결해주는 접속사가 없어도 된다. 독자들이 다 알아서 읽는다. 예를 들어, "나는 학교에 갔다. 그리고 영희를 만났다. 나는 영희를 보고 반갑게 인사했다. 그러나 영희는 나를 못 본 척했다."라는 문장에서 '그리고'와 '그러나'를 빼고 써도 말이 된다.

사실 단문으로 쉽게 쓰는 게 말처럼 쉬운 일은 아니다. 원고분량의 문제도 걸린다. 형용사 빼고 접속사 빼고 중언부언 말들 빼고 써본다고 치자. A4용지 한 쪽 채우기가 더욱 힘들어진다. 결국 분량이 되어야 책이 나오는 건데, 이거저거 다 떼고 언제 분량을 채우겠는가. 그래서 쉽고 단순하게 쓸 수 있는 사람이 진짜 실력자인 것이다. 만약 글을 쓰다가 도저히 말로 풀어낼 재간이 없다면 그림을 그리면 된다. 그림은 말보다 더 강력할 때가 있다. 예전에 《삼국지》를 읽으면서 제일 짜증 났던 부분이 있다. 형주 땅이 도대체 어디에 있는지, 청주 무릉 기주 연주가 어디쯤인지 소설책 10권을 다 읽고도 알 길이 없었다. 불친절한 저자께서는 자기만 알 뿐 독자들에게는 알려주지 않았다. 그림 하나 딱 깔아주면 다 해결되는데 이상하게 옛날 저자들은 그림 쓰는 것을 극도로 꺼렸다. 지도를 글로 설명하려 하니 누가 알아듣겠는가.

뭔가를 설명(또는 묘사)하려고 길게 늘어 쓰기보다 그냥 그림 하나, 사진 하나 딱 보여주는 게 더 나을 때가 있다는 사실을 알아두자.

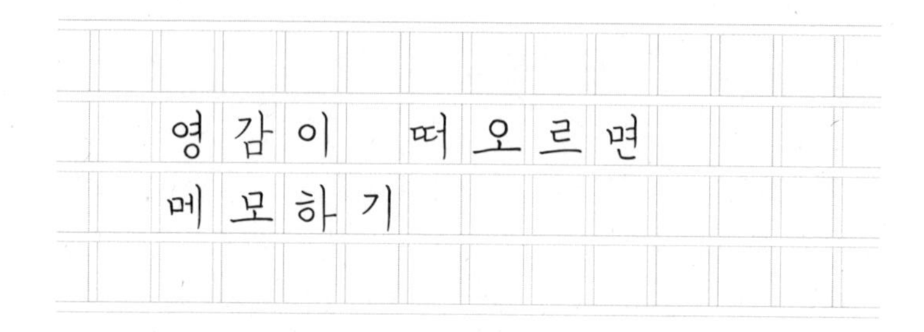

영감이 떠오르면 메모하기

글은 책상 앞에서만 쓰는 게 아니다. 평상시 일을 하다가 밥을 먹다가 길을 걷다가 쓸 수 있다. 오히려 책상 앞에서 글이 더 안 써진다. 나는 길을 걸을 때나 샤워를 할 때 글이 잘 써졌다.

이게 무슨 소리인가? 샤워를 하다가 글을 쓰다니. 영감이 떠오른다는 뜻이다. 갑작스레 글감이 생각나면서 '아, 이걸로 글을 써야겠구나' 싶은 게 부지불식(不知不識)간에 딱! 떠오른다. 나는 영감님이 행차하셨다고 표현한다. 영감님이 행차하시면 (자주 오지 않으시니까) 바로 메모를 해둔다. 메모를 하지 않으면 금방 잊는다. 나중에 '무슨 내용이었지?'라고 후회하는 것보다 일단 메모를 해두는 것이 좋다. 쪽지에 볼펜으로 써도 좋고, 스마트폰으로 메모해놔도 좋다. 그것도 힘들면 음성녹음도 괜찮다. 운전 중에도 영감님이 오시는데 그럴 때면 음성녹음기능을 사용한다.

머리가 아무리 좋아도 메모하지 않으면 글을 쓸 수가 없다. 다 생각날 거라고 자신하지만 금세 잊어버린다. 영감님은 그렇게 소리소문없이 슬쩍 온다. 꼭 붙들어 잡아야 한다. 안 그러면 연기처럼 사라진다.

어떤 날은 영감님이 여러 번 왔다가신다. 밀어닥치는 거다. 그땐 계속 메모를 해야 한다. 영감님이 계속 찾아오시는 날은 10개 이상의 글 꼭지 제목을 완성하기도 했다. 무엇을 쓰겠다는 제목만 정해지면 글쓰기는 쉬워진다. 무엇을 쓸지 글감이 없는 게 문제지, 무엇을 쓸지 알게 되면 반은 다 쓴 거나 마찬가지다.

그러다 시간이 날 때 메모를 꺼내 본격적으로 글을 쓴다. 시간 여유가 된다면 영감이 떠올랐을 때 하루 종일 영감님 생각을 하면서 글을 어떻게 전개시킬까 고민해도 되지만 영감님의 흔적만 메모해놨다가 나중에 본격적으로 책상앞에서 글을 써도 된다.

내가 알고 있는 작가는 책을 일주일 만에도 쓴다. 영감님이 한 번에 몰아닥치는 것을 다 잡아채기 때문이다. 물론 그만한 공력이 있어야 한다. 책도 많이 읽어야 하고, 많은 경험이 있어야 그렇게 쓸 수 있다. 그래서 작가는 나이가 들수록 더 유리한 게임인 것 같다. 아는 것도 늘고, 책도 더 많이 읽고, 경험도 더 많이 했으니 쓸 거리가 얼마나 많겠는가. 이길 수밖에 없는 게임이다. 평생 현역이 가능한 직업이 작가다.

글을 쓰지 않으면 영감님이 잘 오시지 않는다. 글도 계속 쓰는 놈에게 영감님이 방문하시지, 영감님 왜 안 오셔유~,라고 졸라봤자 잘 안 오신다. 그분은 느닷없이 오시는 경우가 많았다. 항시 메모할 준비를 해야 한다. 나는 내 머리를 절대로 믿지 않는다.

언젠가 운전을 하고 있었다. 멍하니 운전을 하고 있는데 영감님이 찾아오셨다. 운전을 하면서 스마트폰에 적을 수가 없었다. 국도나 시내 도로 같았으면 잠시 신호가 걸린 틈을 타서 메모했겠지만, 고속도로라 방법이 없었다. 졸음쉼터나 휴게소에 가기 전까지 내 머리를 믿지 못했다. 또한, 하나가 아니었다. 계속 쏟아졌다. 그래서 스마트폰의 음성기능을 사용했다. 일단 말로 저장해 놓았다. 하나 녹음해놓고 운전하다 보면 또 하나가 왔다. 그걸 녹음해놓으면 또 다른 하나가 왔다. 미친 듯이 영감님이 오시는 날이 있다. 무조건 다 잡아놔야 한다. 물론 나중에 보면 중첩되는 것도 있고 정말 쓸데없는 것도 있다. 당시에는 최고라고 생각했던 것이 나중에 보면 별 것 아닌 게 허다할지라도 다 잡아놔야 한다. 그중 몇 개는 진짜배기들이 있다.

맞춤법, 띄어쓰기, 주술 관계 등등의 교정이야 편집자가 대신해줄 수 있지만 정말 오로지 저자 혼자 해야 하는 것이 바로 '영감님 모시기'다. 누가 대신해줄 수 없는 저자 고유영역인 것이다. 흔치도 않은 일일 뿐더러 오면 극진히 모셔야 다음에 또 오신다. **메모는 저자의 필수사항이다. 메모 없이는 절대로 글을 쓸 수 없다.**

그래도 운전 중에는 다행이다. 음성녹음이라도 할 수 있으니까. 샤워할 때는 환장한다. 예전에 어디선가 읽었는데 물은 창의력에 도움이 된다고 했다. 사람이 대부분 물로 만들어졌기 때문에 물과 가까이하면 창의력이 샘솟는다는 얘기였다. 일단 그 말이 진실인지 아닌지는 여기서 중요하지 않으니 패스하자. 샤워할 때는 영감님이 안 오시길 바라지만 짓궂게도 영감님은 그럴 때 더 잘 나타난다. 하도 당한 터라 나는 절대로 머리를 믿지 않는다. 곧장 써야 한다. 샤워하다 말고, 비누칠하다 말고 떠오르면 조금 더 생각했다가 진짜다 싶으면 곧장 샤워실 문을 연다.

"여보, 종이랑 펜 좀 줘봐."

"아들아, 아빠 휴대폰 좀 줄래?"

샤워하다 말고 이게 뭔 짓인가 싶지만, 작가라면 당연히 이래야 한다. 샤워가 거의 다 끝날 때쯤 영감님이 오시면 물기도 대충 닦고서 컴퓨터 앞에 앉거나 메모를 한다. 분명 핀잔을 듣는다. 도대체 뭐하는 거냐고. 물기는 어떻게 하냐고. 다 닦고 나오라고. 그래도 작가는 대충이라도 알았어 알았어 하면서 메모를 끝마쳐야 한다. 만약 샤워하다가 종이랑 펜을 달라고 했을 때 안 주는 가족이 있으면 호적에서 파버리자. 작가를 가족으로 두었으면 그 정도 배려는 해주어야 작가의 가족 자격이 있다. 빨리 이 대목을 작가가 되려는 독자분들의 가족에게 보여주자. 미리 세뇌시켜놔야 한다.

글을 쓸 때 명언이나 다른 책에서 읽은 구절을 옮겨 적을 일이 필요하다. 나만의 소리를 내는 것보다 공신력도 생기고, 또 일단 원고를 덜 써도 되는 이점이 있다. 책을 읽으면서 좋은 문구를 만나면 블로그에 옮겨 놓는다. 블로그까지 가기 전에는 사진으로 찍어 놓든지, 책갈피를 끼워 놓는다. 최종적으로는 블로그에 옮겨놓는다. 블로그에 옮기는 이유는 나중에 써먹을 때 찾기 좋기 때문이다. 한글프로그램은 안 될까? 괜찮다. 그러나 반드시 백업해놓아야 한다. 알 수 없는 오류로 인해 자료가 홀랑 날아가 버릴 수 있다. 블로그에 올려두면 언제 어디서든 스마트폰으로 찾아볼 수 있다. 자료가 필요할 때 재빠르게 찾을 수 있어야지 어디 있는지 모르겠고 기억도 나지 않으면 못 써먹는다.

모은 자료를 언제 써먹게 될지 모른다. 언젠가 써먹을 수 있으니까 모아 놓는다. 주제별로 모아놓아도 되고, 그냥 되는 대로 모아놓아도 좋다. 찾을 때 키워드만 입력하면 주르륵 나오니까 상관없다. 예를 들어, 독서에 관한 책을 쓸 때 독서라는 단어만 쳐도 주르륵 나온다. 그 중에서 몇 개 골라서 사용하면 된다. 각 꼭지마다 위인들의 말을 넣어도 좋고, 쉬어가는 페이지에 넣어도 좋고, 페이지 하단에 넣어도 좋다. 일단 자료를 많이 갖고 있는 게 좋다. 나중에 자료를 모으려고 하면 힘들다. 책 읽으면서 짬짬이 모아놓자. 언젠가는 다 써먹게 되어 있다. 또한 써먹은 것을 또 써먹어도 된다. 써먹을 때는 반드시 출처를 밝히는 연습을 하자. 괜히 저작권 시비에 걸려들지 않으려면 말이다.

저작권 이야기가 나왔으니까 말인데, 발췌해서 쓰는 글은 반드시 출처를 밝혀야 한다. 출처를 밝히지 않고 마치 자기 것인 양 사용하면 문제가 된다. 남의 것을 자기 것인 양 쓰는 것은 도둑질이다. 출처를 꼭 밝히자. 통상 책에는 이런 문구가 있다.

"이 책은 저작권법에 의해 보호받는 저작물이므로 무단 전재와 무단 복제를 금지하며 이 책 내용의 전부 또는 일부를 인용하거나 발췌하려면 반드시 저작권자와 출판사의 서면 동의를 받아야 합니다."

무시무시하다. 근데 책 쓰는데 어찌 인용을 안 할 수 있으리오, 인용할 때마다 어찌 저작권자에게 연락을 취해서 서면 동의를 받을 수 있으리오, 사실상 불가능하다. 대부분 분량이 많지 않은 범위 내에서 출처를 잘 밝히고 인용하는 것은 문제가 없다. 물론 저작권법상 문제로 넘어갔을 때 출판사는 보통 책임이 없다. 출판계약서를 잘 읽어보면 저작권 문제가 발생했을 때 온전히 저자가 책임을 진다는 조항이 있다. 계약할 때 잘 읽어봐야 한다.

어쨌든 1차적인 책임은 저자에게 있다. 어차피 글을 쓴 것은 저자이지 출판사가 아니다. 따라서 저자는 남의 저작권을 존중해야 한다. 내 책의 일부를 누군가 허락도 없이 썼다면 기분이 어떻겠는가? 법정소송까지 가고 싶을 거다. 그런데 만약 출처를 밝혀주었다면 어떨까? 홍보 효과가 생기게 된다. 그래서 특별히 서면 동의가 없어도 출처만 확실히 밝혀준다면 오히려 좋아한다. 오히려 감사해할지도 모른다. 나라면 그럴 거 같다. "앞으로도 내 글 좀 많이 인용해주세요"라고 부탁하고 싶을 정도다. 어쨌거나 출처는 꼭 밝혀야 한다.

이번 책을 쓸 때 이상한 경험을 하였다. 내 것인 줄 알았는데, 알고 보니 내 것이 아니었다. 어디선가 읽은 것인데 너무 시간이 흘러버려 마치 내가 독창적으로 생각한 줄 알았던 것이다. 가만히 검토해보니 거의 90% 이상이 나만의 독창적인 생각이 아니었다. 나는 그저 짜깁기하고 편집했을 뿐이다. 더군다나 참신하다고 느꼈던 생각이 이미 어느 누군가가 책으로 써낸 것을 읽고는 까맣게 잊고 있었다는 점이 나를 당혹스럽게 했다. 그래서 참 아리송한 문제가 생길 수 있다. 온전히 내 것이라고 생각했는데 알고 봤더니 남의 것이더라, 여기에 무슨 출처를 밝히고 말고가 있겠는가. 생각은 비슷하거나 같을 수 있다. 표현도 그렇다. 그렇지만 어디선가 글을 따온다면 출처를 밝히는 것이 맞다. 그런데 만약 나처럼 온전히 내 것이라고 했던 것이 이런 식으로 뒤통수 치면 어떻게 해야 할지 걱정이다.

첫 책을 쓸 때 남의 책을 인용하지 않으려 했다. 내 생각만으로 글을 쓰고자 했다. 그러나 중반으로 치닫자 한 쪽 채우기가 만만치 않았다. 내 머릿속의 것만으로는 책을 쓸 수 없었다. 원래의 계획을 접고 어쩔 수 없이 다른 책을 인용하기 시작했다. 인용을 하자 글쓰기가 쉬워졌다. 인용 글이 또 하나의 글감이 되어 글이 술술 풀렸던 것이다.

출처를 밝힐 때에는 책 제목, 지은이, 출판사, 출판연도, 인용 구절 쪽수 등 세세하게 적어준다. 그러나 인용을 너무 많이 하면 그건 내 글이 아니라 짜깁기가 되고 만다. 한 꼭지에 인용 20%, 내 글 80% 정도면 좋다. 그 정도 비율이 가장 적절한 것 같다.

메모를 잘 해놓는 사람은 주제별로 모아두어도 될 것이다. 나는 그렇게까지는 못한다. 그러나 그렇게 해두면 좋을 것 같다는 생각이다. 예를 들어 책쓰기를 주제로 책을 쓴다고 할 때 미리 준비해두었더라면 쫘악 자료를 뽑아낼 수 있다. 그러면 원고 쓰기가 훨씬 더 수월해질 것이다. 그런 준비를 안 해 놨더니 인용할 문장이 없어 글이 잘 안 써진다. 아, 미리미리 챙겨둘걸. 후회해 봤자 소용없지만.

인용 없이 책을 완성하는 사람은 극히 드물다. 그리고 그리 잘

하는 것도 아니다. 인용 없이 쓴다고 한들 누가 알아주기나 할까. 그리고 정작 본인은 인용이 없다고 하지만 진짜 자신이 창조해 낸 생각은 거의 없다는 사실을 알고 있을까. 다 어디선가 보고 배운 것이고 들은 것이다. 사실 100% 창조가 어디 있는가. 창조를 빙자한 편집일 뿐이다.

책 쓸 때 쉽게 쓰자. 인용문 하나 갖다 놓고 자신의 생각을 줄줄 풀어내는 거다. 그렇게 써 놓고 인용문을 글 중간에 배치하든지, 말미에 배치해서 편집하면 한 편의 훌륭한 꼭지가 완성된다. 글감이 없어서 허덕거려봐야 인용문의 중요성을 알게 된다. 그러니 일단 아무거나 좋으니 머리를 후려치는 명문이 있으면 무조건 모아 놓자. 그리고 반드시 출처도 써 놓자.

문구도 좋지만 사진이나 그림도 좋은 인용문이 될 수 있다. 사진이나 그림은 저작권이 글보다는 좀 더 강한 편이다. 사진의 경우 사용하면 원작자에게 사용료를 지급해야 한다. 사진을 좀 찍는 사람이라면 틈틈이 찍어놓는 것이 좋겠다. 나중에 자신의 책에 넣으면 책 분량도 늘고 자신의 작품도 책에 실을 수 있으니 일석이조다. 그림을 잘 그리면 그림도 삽입 가능하다. 캘리그라피가 가능하면 그것도 좋은 삽입거리가 된다. 나는, 사진도 못 찍어! 그림도 못 그려! 붓글씨나 캘리도 못해! 정말 힘들었다.

글쓰기를 두려워하는 사람들이 많다. 잘 써야 한다는 강박 때문이다. 그걸 버리면 글쓰기가 쉬워진다. 사랑하는 동생에게, 어머니에게, 아들에게 말하는 것처럼 글을 쓰면 된다. 어떤 주제에 관해 아들에게 말을 한다. 녹음을 한다. 녹음한 것을 받아 적는다. 글을 다듬는다. 이게 바로 글쓰기다. 책이다. 글이 안 써지면 말로 하자. 스마트폰만 있으면 녹음하기도 편하다. 예전에는 전문 녹음기가 없는 이상 녹음하려면 불편했지만 이제는 좋은 세상 좋은 기계 잘 이용하면 된다.

잘 쓰려는 마음을 없애고 솔직해지면 글은 써진다. 꾸미려 하고 거짓을 말하려 할 때 글이 안 나온다. 진실은 통한다는 믿음으로 글을 쓰면 된다. 문학작품을 쓰는 게 아니지 않은가. 시를 쓰는 게 아니다. 전달만 할 수 있으면 된다. 멋진 단어, 품위 있는 어법을 사용하는 것이 아니다. 평상시 우리가 쓰는 말을 적는 거다. 그러면 된다.

글을 세련되게 잘 쓰고 싶다면 베껴쓰기를 권한다. 마음에 드는 책을 골라 매일 한 쪽씩 필사하는 거다. 될 수 있으면 육필을 권한다. 컴퓨터 자판으로는 남의 글을 자신의 글로 만들기 힘들다. 종이에 연필로 꾹꾹 눌러 쓰기를 권한다. 자판으로 너무 빨리 치면 빨리 들어온 만큼 빨리 나간다. 롤모델이 되는 책을 골라서 필사를 해보자. 매일 한 꼭지씩만 하는 거다. 그러면 그 책의 저자의 어투를 저절로 닮게 된다. 마음에 드는 책이 없으면 신문사의 논설, 사설, 오피니언 등의 글을 필사해보자. 글도 짧아서 하루에 하나씩 필사하기 딱 좋다. 매일 필사하기를 3년만 하면 글을 참 잘 쓸 수 있게 된다. 한 꼭지 베껴 쓰는데 시간도 얼마 걸리지 않는다.

글을 너무 친절히 쓰지 말자. 독자는 바보가 아니다. 너무 자세히 쓰려고 하면 글이 안 나온다. 지친다. 대충 건너뛰어서 써도 다 알아먹는다. 주제에 크게 벗어나지 않게 쓰는 한, A 이야기했다가 B 이야기를 해도 크게 상관없다. 독자는 다 알아듣는다. 그러니 횡설수설하는 것 같은 느낌이 들어도 크게 괘념치 말자. 상관없다. 오히려 독자는 너무 친절한 작가를 싫어할 것이다. 구구절절 너무 세세하게 글을 쓰면 읽기에 불편해진다. 따분해진다. 독자에 따라 '이렇게 쉬운 이야기를 왜 이렇게 힘들게 말하지?' 라고 생각할 수도 있다. 그러니 대충 써라. 독자에게 생각할 거리를 던져주는 저자가 되자.

말은 잘하는데 글을 못 쓰는 사람들이 있다. 말하는 것을 글로 옮기면 되는데, 글을 너무 대단하게 보기 때문이다. 나는 말을 좀 잘했으면 좋겠다. 말을 하기 시작하면 왜 그리 말문이 막히는지… 나는 오히려 글이 편하고 좋다. 만약 말을 하려면 나는 글로 쓴 것을 읽는다. 그게 편하다. 즉흥적인 연설을 한다고 할 때에는 힘들지만, 써 놓은 글을 그냥 읽을 수는 있으니 부담되지 않는다. 반대로 말이 편하다면 글을 쓸 때 말을 그대로 옮기면 된다는 얘기다. 어차피 말이나 글이나 언어 아닌가. 자신이 잘할 수 있는 쪽을 사용하면 말과 글 둘 다 잡을 수 있다.

이도 저도 안 될 거 같으면 글을 쓸 때 구어체로 써보자. 사랑하는 어머니에게 말하듯 쓰는 거다. 문어체로 쓰니 자꾸 말이 꼬이면 구어체로 쓰는 거다. 그래도 된다. 책을 그런 어투로 써도 상관없다. 작가 마음이다. 작가 고유권한이다. 대화체로 써도 된다. 따옴표(" ")를 써가면서 책을 써도 된다. 《미움 받을 용기 2》라는 책을 보자. 대화체로 썼다.

1쪽부터 마지막 쪽까지 작가의 생각이 관통하면 책이 된다. 이것저것 다 다루려니까 책이 안 되는 거다. 주제를 잡고, 그 주제가 쭉 이어지기만 하면 된다. 사실 이게 가장 어렵다. 1쪽부터 300쪽까지 자신의 생각을 펴기가 쉽지 않다. 말 많은 수다쟁이도 아니고, 생각이 많은 것도 아니고, 배운 것도 아니고, 다른 생각을 할 시간도 필요한데, 하나만 잡고 어찌 글을 쓸 수 있단 말인

가. 그런데 참 이상하게도 주제를 늘 잡고 있으면 주제에 맞는 글감들이 눈에 들어온다. 평상시 같으면 그냥 지나쳤을 것들이 주제에 맞춰 들어온다. 어떨 때는 억지로 주제에 끼워 맞추기도 한다. 나는 이 책을 쓸 때도 그랬고, 첫 책을 쓸 때도 그랬다. 주제를 잡고 생활하다 보면 내 그물망에 걸려든다. 길을 걷다가 책을 보다가 영화를 보다가 걸려든다. 그걸 조금만 내 것으로 가공해서 풀어내면 글이 된다.

사실 주제잡이, 글감잡이가 어렵지 글로 풀어내는 것은 쉽다. 둥둥 떠다니는 생각들을 수집해서 글로 풀어놓으면 된다. 영어로 쓰는 것도 아니요, 일본말로 쓰는 것도 아니다. 그저 태어날 때부터 배워온 우리의 말로 쓰는 건데 뭐가 어려운가. 글쓰는 것을 너무 위대하게 생각하거나 거창하게 생각하기 때문에 어려운 거다. 글을 쓰다 보면 촌철살인의 어떤 강력한 문장들이 필요하긴 한데, 없어도 좋다. 그런 거 자꾸 쓰려니까 글쓰기가 어려워지더라. 글을 쓰면 쓸수록 어렵게 느껴지는데, 자꾸 잘 쓰려고 하니까 그렇다. 그냥 사랑스러운 아들에게 얘기해주듯 쓰면 된다.

글이 안 나오면 계속 기다려본다. 포기한다. 그러면 머리가 내어준다. 어느 날 갑자기 봇물 터지듯이 쏟아낸다.

"에잇 글 안 쓴다. 됐다. 됐어. 네 마음대로 해라" 라고 머리를 협박해놓으면 머리가 알아서 고개 숙이고 들어온다. "주인님, 죄송합니다. 자, 받으세요."

그러면 날름 받아먹으면 된다. 가끔 머리를 겁줘야 쌩쌩 돌아간다.

이제 이 원고도 거의 막바지에 다다랐다. 거의 100쪽에 가까운 분량을 써놨으니 90% 완성되었다. 한동안 다른 원고를 쓰면서 이 원고는 잊으려고 한다. 묵혀두는 거다. 한두 달 묵혀놨다가 다시 꺼내서 퇴고할 생각이다. 생각나는 대로 썼던 것, 투박한 것, 사리에 맞지 않는 것, 맞춤법, 띄어쓰기, 일관성, 통일성 등등을 검토하게 될 것이다. 그렇게 1차 퇴고가 끝나면 출판사를 물색한다. 여기저기 원고를 뿌리게 될 것이다. 그러다가 연락이 오면 출판하게 된다. 계약서를 쓰고 1차, 2차 퇴고의 과정을 거치고 책으로 나오게 될 것이다.

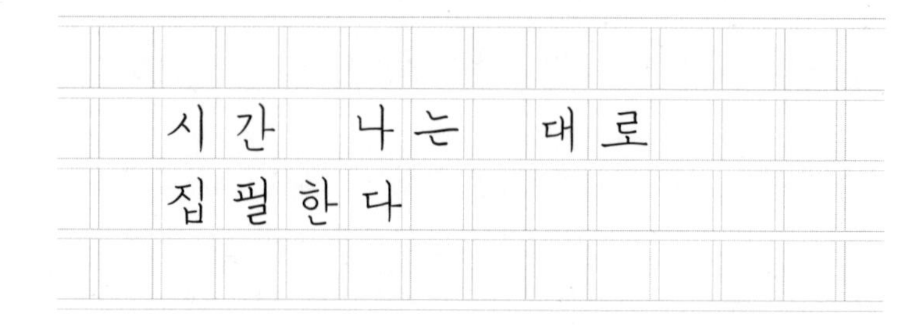

책을 내려거든 집중이 필요하다. 앞서도 말했지만 집필 기간이 길어지면 책을 출판하기 어려워진다. 책을 내고자 했으면 집필을 우선순위에 두어야 한다. 집중력이 떨어지고 이러저러한 일들에 치여 원고는 어디론가 없어지고 결국 못 쓰게 된다. 그러고 나서 먼 훗날 후회하는 삶이 반복된다. 한마디로 책을 내는 사람은 극소수다.

책을 쓰고자 했다면 하고 싶은 일들을 잠시 뒤로 미뤄놓을 줄 알아야 한다. **할 거 다 하면서 글을 쓸 수는 없다.** 글은 엉덩이로 쓴다는 말이 있다. 닥치고 앉아서 써야 나오는 것이다. 술 마시기 좋아하는 사람, 텔레비전 보기 좋아하는 사람, 친구 만나기 좋아하는 사람들은 거의 책을 쓰지 못한다. 그걸 당분간이라도 끊어야 글을 쓸 수 있다. 한 권의 책은 어떤 일관된 사고의 종합이라, 집중하지 않으면 흐트러지고 만다. 어떤 작가들은 책을 10년 넘게 쓴다고 하는데 내 생각에 그건 우리 초보들에게 맞지 않다. 어느 정도 내공이 쌓인 사람들이 그렇게 쓰는 거다. 도대체 언제 써서 언제 책 낼 것인가. 그런 작품은 첫 책을 낸 후에 내도 된다. **일단 첫 책을 빨리 내는 것이 더 중요하다.**

따라서 시간을 내서 집필하는 데 초점을 맞춰야 한다. 잠시 친구도 끊고 술도 끊고 게임도 텔레비전도 끊어야 한다. 이거 끊지 못하면 책 쓰는 거 포기하는 게 낫다. 해야 할 일도 많은데 거기에 하고 싶은 거까지 다 하면 도대체 언제 책을 쓸 것인가. 결심과 포기가 반복될 뿐이다. 많은 사람이 책을 내고 싶어 하지만 결국 내는 사람은 극소수인 이유다. 내가 장담하건대, (미안한 얘기지만) 이 책을 읽고 책쓰기로 결심한 사람 중에 책을 써내는 사람은 5%도 안 될 것이다.

그래서 나는 그 5%를 위해 이 책을 쓴다. 나머지 95%에게는 바라지도 않는다. 그러니 독자 여러분이 그 5% 안에 들어갈 사람인지, 95% 안에 들어갈 사람인지 선택하길 바란다. 5%에 들고 싶다면 당장 멍 때리는 시간을 없애자. 허송하는 시간을 죽이자. 할 일 하고 남는 시간에는 집필에 몰입해야 한다. 이런 생각으로 책을 쓰면 딱 좋을 거 같다. 1년 후에 공무원시험(또는 자격시험)이 있는데, 거기에 합격해야 한다. 그러니 나는 1년간 죽을 각오로 공부해야 한다. 왜냐? 합격하기 위해서. 이런 마음으로 집필을 하면 좋을 거 같다. 초짜들이 이런 각오가 없으면 절대로 책을 써낼 수 없다. 이런 각오도 없이 어찌 출판사 편집자들에게 간택될 것이라 생각하는가.

뭔가를 잡으려면 손을 비워야 한다. 뭔가를 채우려면 그릇을 비워야 한다. 책을 내려면 허튼짓하는 시간을 없애야 한다. 그러면 첫 책을 낼 수 있다. 첫 책을 낸 사람들은 다 그런 각오로 글을 쓴 사람들이다. 개나 소나 출판사에서 책을 내주지 않는다. 출판 시 보통 1~2,000만 원 들어가는데 허접한 원고에 어느 미친 출판사가 투자하겠는가. 그들도 아드득 빠드득 좋은 원고 만나서 대박 치려고 노력하는데, 대충 써서 대충 하나 얻어걸리면 되지, 라는 심보로는 절대로 책을 낼 수 없다. 목숨을 걸고 써야 한다.

정말 하고 싶다면 자신이 가장 좋아하는 것부터 끊어보자. 자, 다음 글을 읽어보자. 시골의사 박경철 원장이 쓴 글이다.

> 목표에 도달하기 위한 첫걸음은 지금 내가 반복하고 있는 나쁜 습관 하나를 버리는 것이다. 담배를 끊어야겠다고 생각은 하면서도 막상 끊지는 못하고 있다면 당신의 애티튜드는 아직 다른 더 큰 것을 실행할 준비가 되어 있지 않은 것이다. 자신의 나쁜 습관을 바꿀 작은 행동의 변화조차 시도하지 못하면서 인생의 꿈을 말하고 그것을 이룰 최선의 준비가 되어 있다고 주장하는 것은 공허한 수다에 불과하다.
>
> -《시골의사 박경철의 자기혁명》 박경철, 리더스북, 2011년

책을 얻고 싶은가. 그러면 박경철 원장의 말처럼 해야 할 것이다. 책을 얻기 위해서 자신의 나쁜 습관 하나를 맞바꾸는 것이다. 일거양득이다. 좋은 거 하나 얻고, 나쁜 거 하나 버리니 2가지를 얻게 된다. 이 얼마나 좋은 충고인가. 가만히 생각해보면 나도 그런 거 같다. 책을 얻기 위해 텔레비전을 버렸다. 박경철 원장의 말이 절대적이지는 않지만 지름길이기는 하다. 그의 말대로 하면 보다 빨리 책을 낼 것이다. 내가 장담한다.

책을 내기로 결심했다면 제일 먼저 할 일이 있다. 주제를 정해야 한다. 무엇을 쓸까? 왜 쓰고 싶은가? 이 주제에 대해 비슷한 책도 많은데 굳이 나는 왜 써야 하는가? 답을 찾는다. 답을 찾았으면 쓴다. 매일 시간 나는 대로 쓴다. 글을 쓰기 위해 잘 다니던 회사를 그만두지는 말자. 바보 같은 짓이다. 회사 다니면서, 경조사 챙기면서, 아이 공부도 시키면서, 여행도 가면서 글을 쓰는 거다. 글쓰는 시간이 절대로 충분하지 못할 것이다. 그래야 글이 더 잘 써진다. 게임할 시간이 없을 때 틈을 내 게임을 하면 얼마나 짜릿한가. 술 마시지 말라고 하는데 짬 내서 몰래 술 마시면 얼마나 알싸한가. 전기세 아깝다고 공부하지 말라고 불 껐을 때 이불 속에서 손전등 불빛 아래서 공부하는 맛이 얼마나 일품인가. 글쓸 시간이 없는데 어떻게 해서든 시간을 내서 글쓰는 맛이 얼마나 행복한가.

나는 직업 특성상 일주일에 한 번 겨우 쉰다. 예전에는 한 달에 한 번 쉬었다. 닭은 일요일에도 밥을 주어야 하고, 추석에도 불 꺼놓고 그냥 갈 수 없다. 동물을 키우는 일에는 휴일이 없다. 남들은 주 5일이다 뭐다, 연차다 뭐다, 휴가다 뭐다 해서 푹 쉬지만 나는 그런 시간이 거의 없다. 양계 일을 한 지 10년이 넘었지만 아직도 휴가 한번 제대로 간 적이 없다. 이 말은 나에게 '쓸' 시간이 절대적으로 부족하다는 거다. '글쓸' 시간이 없다. 그럼에도 불구하고 나는 여러 권의 책을 냈고, 다 쓴 원고도 4개나 되고, 책도 수 천 권 읽었고, 집필 중인 원고도 2개나 된다. 어떻게 이런 일이 가능할까?

나는 매일 쓴다. 짬 날 때는 글을 쓴다. 짬을 만들어 글을 쓴다. 어디서든 글을 쓴다. 글쓰기 위해 틈새시간을 노린다. 글을 못 쓰는 날이면 우울해진다. 그런 날이 길어지면 살맛이 나지 않는다. **어떻게든 짬을 내서 글을 쓰면 행복하다.** 그 순간 쾌감이 있다. 원고가 책으로 나올지 말지는 그 후 일이다. 글쓰는 것 자체에 행복을 느낀다. 이렇듯 글쓰기를 인생의 최우선순위로 두어야 글이 잘 써지고, 책을 낼 수 있다. 책을 내고 싶다면 당분간만이라도 글쓰기를 최우선순위로 두어야 한다. 정성이 있어야 책이 나온다.

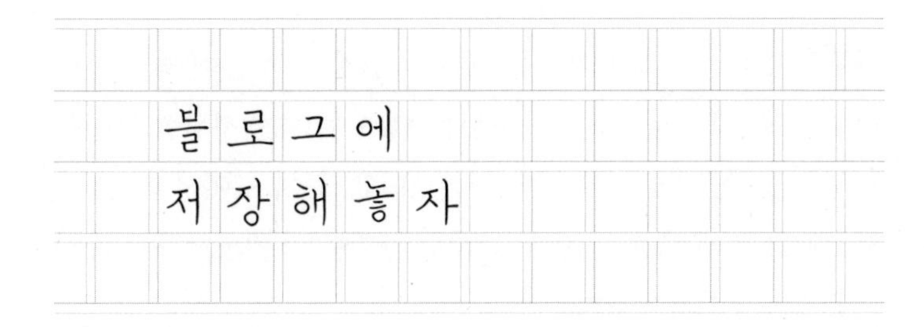

원고를 쓰면 저장을 잘 해둬야 한다. 한순간에 수포로 돌아갈 수도 있다. 조심하자. 나는 원고를 집에서만 쓰는 게 아니라 어디에서든 짬이 날 때면 쓰곤 한다. 한글프로그램을 주로 이용하는데 가끔 에러가 나서 원고를 잃기도 한다. 그럴 때면 정말 환장한다. 어렵게 짜내서 쓴 것을 한순간에 날려본 경험이 있으면 동감하리라. 어렵게 쓴 원고를 쉽게 날리지 말자.

원고는 두 군데 저장을 해둔다. 컴퓨터 하드와 블로그다. 적어도 두 군데 저장을 해두어야 안심이다. 저장 강박증 때문에 예전에는 USB에도 저장을 해놓았다. 컴퓨터에 저장해둔 것은 컴퓨터가 고장 나면 날리는 거니까 불안하고, 인터넷 블로그에 저장해놓은 것은 해커의 공격으로 올린 원고가 없어질 수 있으니 불안해서 USB에 옮겨놓은 3중 장치였는데 사실 이건 좀 '오바'다. 컴퓨터와 블로그에만 저장해둬도 된다.

블로그에 저장을 할 때 공개글로 했다. 블로그 이웃들이 와서 댓글을 남기기도 했고, 다른 모르는 사람들이 와서 '공감'을 눌려주기도 했다. 그러니까 이상하게 더 글을 쓰고 싶어졌다. 그런데 꼭 그런 것만은 아닌 게, 공개로 해놓으니 자꾸 사람들 눈치를 보게 되었다. 내가 쓰고 싶은 글은 A인데, 눈치 보여서 할 말 못 하고 B를 쓰게 되는 거였다. 그래서 공개를 며칠만 했다가 다시 비공개로 돌리기도 했다.

책을 쓰는 동안 쓴 원고를 가지고 사람들과 공유하면 여러 가지 힌트를 얻을 수도 있다. 퇴고 시 참고할 사항이 생긴다. 그러나 나처럼 눈치를 보느라 신경을 자꾸 쓰게 되면 오히려 공개 안 하느니만 못하다. 고로 자신에게 맞는 방법을 택하는 게 좋다. 퇴고 전까지만 오픈하고 퇴고에 들어가면 비공개로 돌린다든지 여러 가지 방법을 강구해야 한다. 나는 초기 원고는 비공개했고, 퇴고에 들어갈 때는 공개로 돌렸다.

지금도 책을 쓸 때면 블로그에 저장해둔다. 요즘은 거의 공개를 하지 않는 편이다. 자꾸 눈치가 보여 글쓰기 흐름이 깨지기 때문이다. 그래서 아예 댓글을 못 달게 하거나 공감을 못 누르게 하고 공개한다. 사람들의 반응을 읽지 않는 것이다. 아니면 원고가 완성되기 전까지는 비공개로 하다가 원고가 다 완성되면 공개로 돌린다. 그리고 출판사를 찾아간다. 계약이 되면 다시 비공개로 돌린다.

원고를 블로그에 저장해두면 원고를 어디서든지 쓸 수 있다는 장점이 생긴다. 꼭 집에서만 쓰는 게 아니라 어디서든 시간적 여유가 생기거나 영감이 떠오르면 쓸 수 있다. 기존에 써 놨던 원고를 읽고서 일관성과 통일성을 유지할 수 있고, 써 놓은 원고를 짬짬이 검토해서 수정할 수도 있다. 종이에 쓰는 원고가 아니므로 언제든지 쓸 수 있다. 스마트폰과 블로그를 연동시키면 어디서든 글을 쓰고 퇴고도 할 수 있다. 남들 게임할 때, 쓸데없이 연예인 걱정할 때 우리는 책을 쓰고 퇴고할 수 있다.

사람은 관심과 사랑을 먹고 사는 동물이 아닐까 싶다. '당신이 누르시는 공감이 제게는 큰 힘이 됩니다'라는 어구를 블로그 말미에 배치해서 사용자들이 공감버튼을 누르도록 유도한다. 공감이 많으면 기분이 좋아진다. 물론 허수가 많다. 대충 읽고 공감을 누르기도 하고, 공감을 받으면 답공감하러 그 블로그에 찾아가야 한다. 서로 공감 눌러주기를 하는 거다. 내용을 읽어보지도 않은 채 말이다. 더군다나 책으로 내는 원고 글은 얼마나 스크롤의 압박이 심한가. 거의 읽지 않는다. 따라서 공감에 연연하는 게 좋지는 않다.

블로그에 글을 올려 사람들의 반응을 살피는 일이 처음에는 재미있었다. 내 글을 읽고 댓글이라도 달아주면 얼마나 고마웠던지 나도 그 사용자의 블로그에 답방 가서 좋은 댓글로 살살거렸다. 공감을 많이 받으려면 그 짓을 많이 해야 했다. 정작 상대방의 블로그 글은 읽지도 않은 채 뭐 하는 짓이었는지.

블로그 공감과 댓글에 일희일비하지 말자. 별 내용 없다. 물론 공감을 많이 받으면 글쓰는 의욕이 더 생긴다. 더 좋은 글을 써서 더 많은 공감을 받고 싶기 때문이다. 그러나 거기에 너무 젖으면 자신의 글을 쓰지 못한다. 블로그를 공감받기용보다는 저장의 용도로 사용하는 게 나을 듯싶다. 답방 다닐 시간에 한 자라도 더 쓰는 게 낫다.

블로그에 글을 올리고 스마트폰과 연동해서 수시로 자신이 써 놓은 글을 읽으면서 수정하면 좋다. 나중에 퇴고할 때 한 방에 다 고치려고 하면 진력난다. 짬짬이 시간 날 때마다 조금씩 고치면 글이 점점 좋아질 것이다. 초고, 재고, 삼고, 사고까지 하면 글이 더 좋아지는 것은 당연하리라.

블로그를 돌아다니다 보면 제법 글을 잘 쓰는 사람들이 보인다. 그중 저자들도 상당히 많다. 그런 사람들과 교류를 하자. 배울 게 많다. 그들이 어떻게 글을 쓰는지 실시간으로 보고 배울 수 있다. 그들이 하는 것을 따라 해보자. 글 실력이 많이 좋아진다. 나도 그런 이웃 블로거가 여럿 된다. 그들은 모두 책을 낸 저자다. 원고를 올리는 사람도 있고, 일상만을 올리는 사람도 있다. 다 배울 점들이 있다. 그들이 블로그에 글을 올려 그게 어떻게 책으로 되는지 간접적으로 배울 수 있다.

블로그에 저장하고 나서는 항상 로그아웃을 잘해야 한다. 공용 컴퓨터를 사용할 때는 더더욱 주의해야 한다. 해킹당하거나 아이디가 없어질 수 있다. 당해보면 짜증 난다. 블로그에 저장해도 좋고 메일을 이용해도 된다. 자신에게 메일을 보내 원고를 하나 하나 모은다. 나중에 어느 정도 분량이 되면 책으로 낸다. 컴퓨터 하드에만 저장하기보다는 이중으로 저장해놔야 안심이다. 학창 시절 리포트 쓸 때 컴퓨터가 갑자기 꺼져서 자료를 날려본 사람들은 습관적으로 저장버튼을 누르고 저장에 민감해질 수밖에 없다. 나중에 후회하지 말고 여러 곳에 저장해두자. 마른 수건에서 짜내듯 원고를 겨우 만들어놨는데, 홀랑 날려버리면 얼마나 눈물 나겠는가.

사람마다 책 쓰는 방식이 다르다. 어떤 사람은 책을 쓰기 전에 먼저 골조, 즉 목차를 잡고서 글을 쓴다. 나는 목차 없이 그저 떠오르는 생각대로 한 꼭지씩 써나갔다. 전자든 후자든 방법적인 차이이지 어느 게 정답이라고 딱히 말하기 어렵다.

물론 목차를 먼저 잡고 글을 쓰면 편하다. 그러나 목차를 잡는 데 많은 시간이 필요하다. 어찌 보면 목차만 완성시켜도 한 권의 책을 다 썼다고 봐도 되겠다. 그러나 책이란 것이 저자의 생각대로만 출판되지 않는다. 편집자의 손을 거쳐 기껏 정했던 목차가 와해될 가능성도 크다. 따라서 목차는 자신이 글쓰기 위한 지도 정도로만 생각해야지 그걸 끝까지 관철해서 책의 목차로 내겠다는 생각은 피해야 한다.

나는 첫 책을 쓸 때 굳이 목차를 정하지 않았다. 그저 하루하루 생각나는 대로 한 꼭지씩 만들어 나갔다. 처음부터 목차를 잡으려니 도저히 엄두가 나지 않았다. 목차라는 것이 전체의 그림을 그리는 건데, 초짜인 나로서는 불가능했다. 그날그날 떠오르는 생각들로 글을 쓰다 보니 비슷한 것끼리 묶을 수 있었다. 하지만 나는 그것마저도 하지 않았다. 그냥 원고를 출판사에 넘겼다. 편집자를 믿었다. 역시나 편집자님께서 책을 보기 좋게 만들어 주셨다. "A꼭지는 전개상 앞에 와야 하고, B꼭지는 강렬하니까 초반에 넣어서 독자를 확 끌어야 한다 등등의 코멘트가 있었다. 나는 무조건 "오케이, 오케이 했다. 그렇게 해서 크게 4부분으로 나뉘었고, 비슷한 내용끼리 묶어서 목차가 만들어졌다. 유능하신 편집자님의 마술이 펼쳐진 것이다.

목차를 정할 수 있으면 정하자. 그게 글쓰기에 편하다. 그러나 처음부터 무리하지는 말자. 안 되면 그냥 생각나는 대로 써도 된다. 그러다 보면 나중에 목차가 저절로 생겨난다. 대신 책의 주제는 꽉 잡고 있어야 한다. 어떤 경우에는 내가 줄곧 주장하던 내용과 정반대의 내용을 주장하는 꼴이 생긴다. 정말 피해야 할 것이다. 앞뒤가 맞지 않는 글로 독자들의 멘탈을 붕괴시키지 말자.

목차도 정하지 않았지만 나는 한 꼭지의 글을 쓸 때도 구성을 정해두지 않았다. 그저 머리에 떠오르는 것을 받아 적었다. 내가 선천적으로 타고난 글쟁이라서 가능한 게 아니다. 누구나 가능하다. 잘 쓰려고 하면 잘 안 되니 그냥 대충 쓰자. 가식 떨지 말고 자신의 수준대로 쓰는 거다. 내 책을 우습게 보는 독자들도 있겠지만 내 책을 보고 감명을 받는 독자들도 있다. 모든 독자에게 존경받으려고 글을 쓰면 절대로 끝까지 못 쓴다. 대충 쓰는 거다.

물론, 글을 쓸 때 대략적인 구성을 짤 수 있으면 짜는 게 좋다. 기-승-전-결. 좋다. 구성만 잘 짜면 나머지는 그냥 쉽게 써진다. 그런데 그걸 짜느라 글을 못 써서는 안 된다. 나는 그걸 짜느니 그냥 글을 쓰라고 말하고 싶다. 다 쓰고 나서 위치를 바꾸면 된다. 요즘은 컴퓨터로 글을 쓰니 문단의 위치를 바꾸기도 쉽다. 일단 나오는 대로 쓰고, 나중에 구성을 맞추면 된다.

나는 밑그림 없이 그냥 건물을 올리는 방식으로 글을 쓴다. 어설프지만 어쩔 수 없다. 나는 목차 잡는 게 힘들다. 목차를 처음부터 잡고 쓴 원고들은 아직도 집필 중이다. 이상하게 목차를 잡지 않고 쓰는 원고가 결국 가장 빨리 책으로 되어 나온다. 목차를 정하지 못하겠거든 하지 말자. 그냥 나오는 대로 쓰다 보면 자연스럽게 목차가 정해진다.

처음부터 너무 잘하려고 하면 끝을 못 보기도 한다. 대충 시작해서 대충 가다 보면 끝을 보는 경우가 많다. 마음이 조급하지 않고 부담감이 없기에 그런 거 같다. **책을 내는 큰 적 중에 하나는 완벽을 추구하는 마음이다.**

그래도 목차를 잡고 글을 쓰는 게 좋긴 하다. 글이 잘 써진다. 무엇을 써야 할지 갈피를 잡을 수 있다. 처음부터 목차를 너무 구체적으로 잡지는 말자는 말이다. 그저 큰 그룹으로 4~5개 정도만 잡으면 될 것 같다. 순서 배열은 어떤 편집자를 만나느냐에 따라 어떻게 달라질지 모르니까 일단 꼭지글을 채우는 게 급선무다. 꼭지글은 오로지 저자만이 쓸 수 있다. 이것은 편집자가 해줄 수 있는 부분이 아니다. 꼭지글을 다 채우면 나머지 배열은 편집자가 해준다. 그게 목차다. 우리에겐 무엇을 쓸지 어떻게 쓸지에 대한 고민이 더 필요하다.

글의 종류에 따라 다르지만, 꼭지글의 주제를 정할 때 질문을 던지면 더 쉽다. 이 책의 원고도 이 방법을 썼다. '책의 목차는 어떻게 정할까?' '책으로 내려면 얼마나 써야 할까?' 라는 질문에 대한 답을 쓴다는 느낌으로 쓴다. 그게 주제가 된다. 이런 식으로 원고를 만들어 출판사에 건네면, 편집자님께서 그냥 아무 소리 하지 않고 책을 내주지 않는다. 반드시 독자 입장에서 검토해서 더 필요한 부분이나 삭제해야만 할 부분을 짚어준다. "이건 왜 이렇습니까? 다시 한번 고려해봐 주세요." "작가님의 주장에 이러이러한 문제가 있는 거 같은데 다시 원고를 수정해주실 수는 없는지요?" "글이 과격합니다. 조금만 순화시켜 주세요" 등등 많은 요구사항이 있다. 그렇게 편집자와 티격태격 싸우면서 책이 완성된다. 고로 책은 온전히 저자만의 작품이라 할 수 없다. 편집자가 반은 하는 거다.

뛰면서 생각하라는 말이 있다. 생각을 두 번 정도 했으면 행동에 옮기는 거다. 생각을 너무 많이 하면 실천력이 떨어진다. 일단 두 번 정도 목차에 대해서 생각해보고 대충 거기까지 나온 것을 보고 쓰면 된다. 쓰다 보면 목차가 저절로 드러난다. 쓰면서 목차를 정하면 된다. 출판사에서 기획한 책을 저자에게 요구하는 경우에는 목차에 대해 신경 쓸 게 없다. 그냥 편집자가 쓰라는 글만 쓰면 된다. 그러나 초짜에게 누가 그런 청탁을 하겠는가. 일단 첫 책은 무조건 거의 혼자 다 해야 한다. 목차 정하는 게 그래도 궁금하다면 쓰고자 하는 분야의 책을 100권쯤 사서 목차만 비교 대조해보자. 어떤 식으로 목차가 이루어졌는지 보면 공통점이 보일 것이다. 좋은 점도 보이고 아닌 점도 보인다. 자신에게 맞는 것을 따다가 사용하면 된다. 대개 비슷한 구조로 목차가 정해져 있다. 원고 채우는 게 문제지 목차는 사실 별 것도 아니다.

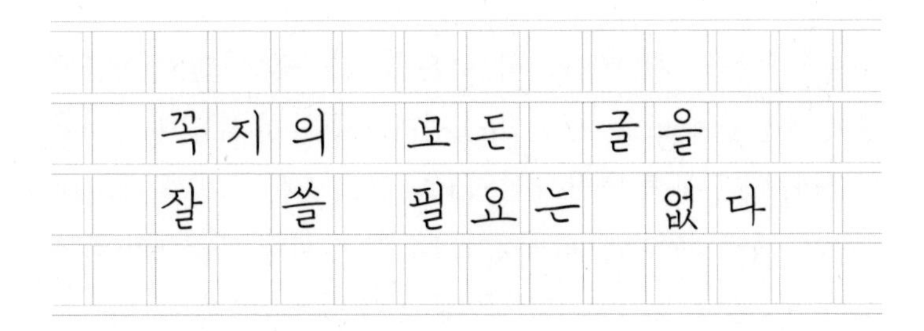

완벽한 사람은 없다. 글은 사람이 쓴다. 그래서 완벽한 글도 없다. 너무 완벽하게 글을 쓰려고 하면 글이 잘 써지지 않는다. 썼다 지우고 썼다 지우고를 반복하다가 결국 책 내는 걸 포기하게 된다. "난 안 돼" 라며 자책한다.

왜 잘 쓰려고 하는가? 글을 잘 쓸 필요가 없다. 책 한 권을 쓰는데 약 50여 꼭지 글을 쓴다고 치자. 50개를 모두 다 잘 쓸 수는 없다. 그리고 그럴 필요도 없다. 적당히 잘 쓴 글 20개 정도만 있으면 된다. 나머지는 그저 구색만 갖추면 된다. 처음부터 잘 쓰려고 하니까 진도가 더디고 시간이 오래 걸려 결국 첫 책을 내지 못한다. 첫 책부터 잘 쓸 필요는 없다. 두 번째 책부터 잘 쓰면 된다. 그도 아니면 세 번째 책부터 잘 써도 된다. 유명한 작가들의 책이 모두 주옥같은 건 아니다. 어떤 책은 쓰레기고 또 어떤 책은 난잡하다. 괜찮은 책 한 권만 가져도 좋은 작가로 대접받을 수 있다.

물론 다 잘 쓰면 얼마나 좋겠는가! 그러나 첫 책을 내는 입장에서 그럴 필요까지는 없다. 일단 빨리 책을 내는 게 좋다. 거기에 초점을 맞추고 글을 써야 한다. 글은 쓸수록 는다. 그러니 단숨에 좋은 글을 쓸 수도 없다. 한 10년 걸려서 좋은 첫 책을 내는 것이 나을까? 일단 첫 책 빨리 내놓고 10년 후에 좋은 두 번째 책을 내는 것이 좋을까? 일단 내는 것이 중요하다. 일단 책을 내봐야 책 쓰기가 수월해진다. 고기도 먹어본 놈이 먹는다고 책도 내본 놈이 또 낼 수 있다.

글이 안 써지는 날이 있다. 자꾸 꼬인다. 앞뒤도 맞지 않고 내가 무슨 얘기를 적고 있는지도 잘 모를 때가 있다. 그럼에도 불구하고 나는 계속 글을 쓴다. 한 꼭지 글을 완성하기 위해 빈 종이의 여백을 채워나간다. 말이 되든 안 되든 그저 글자로 백지를 채워나간다. 일단 채우는 것이 주목적이다. 나머지는 나중에 다시 보면서 수정하면 된다. 매 꼭지마다 좋은 내용으로 독자를 감동시키는 글을 쓰면 좋겠으나 그러지 못한다는 것을 나는 잘 알고 있다. 그래서 몇몇 꼭지는 대충 채워 넣는다. 그래도 된다.

파레토의 법칙이 있다. 전체의 20%가 나머지 80%를 대표한다. 핵심은 20%이고 80%는 떨거지다. 핵심 20%만 확실하면 나머지는 대충 따라오게 되어 있다. 글에도 이런 법칙이 성립한다. 100% 완벽을 기하다 보면 나가떨어지고 만다. 첫 책을 쓰는 초짜들은 절대로 진득하게 글을 써낼 수 없다. 일단 빨리 책을 내놓아야 책쓰는 재미를 알게 되고 다음번에 더 좋은 책을 쓸 수 있다.

더욱 재미있는 사실은, 저자가 쓴 글이 본인 마음에 들지 않는다고 해서 독자들도 싫어하는 것은 아니라는 점이다. 정말 대충 쓴 문장에, 내가 썼는지 기억도 나지 않는 문장에 꽂히는 독자들이 있다. 그들은 그것을 포스팅해서 블로그에 올린다. 나의 의도에 없던 일이다. 나의 의도와는 무관하게 독자들은 자신들 나름의 독서를 통해 의외의 것에 반응하는 것이다.

그러니 욕심내지 말고, 되는 대로 채워 넣기나 하자. 그러다 보면 글 실력도 늘고 책도 빨리 낼 수 있다. 정말 아니다 싶은 내용은 편집자가 걸러준다. 내가 정말 잘 썼다고 생각하는 글도 편집자가 삭제하자고 하는 경우도 있으니 일단 백지를 채우는데 힘쓰자.

성격상 완벽한 것을 추구하는 독자가 필자의 이 책을 읽노라면 기분이 언짢을 것이다. "뭐? 대충 쓰라고? 책쓰는 게 그리 간단하다고? 그러니까 네 책의 수준이 딱 그 수준이지"라며 쓴소리도 할 것으로 예상한다. 그런데 바로 그런 완벽주의 때문에 책을 낼 수 없는 거다. 아무리 본인이 완벽하다고 생각해도 읽는 사람들이 그렇게 생각해주지 않을 수 있다. 반대로 대충 써놔도 읽는 사람들이 의외의 문장에 감동해서 책을 높이 평가할 수도 있다. 사람마다 보는 눈이 다르기 때문이다. 세상에 완벽한 게 어디 있는가. 현실에서 완벽하게 일직선을 그을 수 있을까? 아무리 정확하게 그렸다 해도 현미경으로 보면 삐뚤빼뚤할 것이다.

욕먹을 각오도 해야 한다. 모든 사람을 만족시키는 글을 쓸 수는 없다. 어떤 주장을 하면 반대되는 입장의 사람이 반드시 존재한다. 그래서 A를 찬성하는 글을 쓰면 의도치 않아도 A를 반대하는 사람과는 적이 된다. A를 반대하는 사람으로부터 공격을 받게 되는데 이걸 가지고 마음 아파해야 쓰겠는가. 어쩔 수 없는 일이다. 세상에 글을 내보내는 일은 어쩌면 자신이 A인지 아닌지를 세상에 공표하는 것과 같다. 책을 안 썼더라면 그냥 숨어 지낼 수 있을 것인데, 책을 낸 죄로 그렇게 된다. 따라서 찬성자도 생기지만 반대자도 반드시 생기게 된다. 이 책만 해도 그렇다. 내 주장과 반대의 생각을 가진 독자들이 있을 것이다. 그들까지 만족시켜 주어야 하는가? 그렇지 않다. 그럴 필요도 없다. 그냥 나는 나대로, 그들은 그들대로 떠들면 된다.

우리는 흔히 "아직 책 낼 준비가 되지 않았어"라는 말로 핑계를 대곤 한다. 과연 언제 준비가 끝날까? "지금은 너무 바빠서 못 써. 나중에 은퇴하고 시간 나면 쓸 거야"라고도 말한다. 이 모든 핑계들이 '완벽주의의 벽'에 갇혀 있다는 증거다. 아니, 그냥 대충 휘갈기면 되는데 뭘 그리 고민하고 준비만 하는가. 언제 시간이 나는가? 시간은 아무것도 할 수 없을 때 죽기 직전 골골거릴 때밖에 나지 않는다. **시간은 생기는 게 아니다. 만들어내는 것이다.** 하루 5분이라도 시간을 내서 글을 써야 책을 낼 수 있다. 풍족한 시간 24시간을 1년간 준다고 해서 글이 나오는 게 아니다. 현재 상황에서 미진하면 미진한 대로, 없으면 없는 대로 써야 책을 쓸 수 있다. 그러니까 한 마디로 대충 쓰면 된다. 잘 쓰려고 하니까 시간이 없는 거다.

지금부터 이렇게 생각하고 글을 써보자. '대충 쓴다' '모든 글을 다 잘 쓸 필요는 없다' '대충 채워 넣자' '내 글은 내 맘대로 쓴다' 이런 식으로 쉽게 생각하자. 자, 더 가보자. 이렇게 사기 쳐보자. 도입부는 독자를 끌어들여야 하니까 신중에 신중을 기하자. 완벽을 추구하자. 어떻게든 책을 사게끔 글을 써보자. 그리고 중간은 뭐 대충 채워 넣자. 읽든지 말든지. 그리고 끝은 좀 신경 쓰자. 처음과 끝이 중요하니까 임팩트 있게 써 보자. 물론 이렇게 사기 치면 당한 독자는 다시 찾지 않을 것이다. 웃으라고 쓴 글이다. 여하튼 요지는 이거다. 완벽을 버리고 쉽게 쓰자. 쉽게 쓰면 없어 보인다. 그렇더라도 쉽게 대충 쓰자. 이런 마음으로 글을 써야 완고를 얻을 수 있다. 처음부터 완벽하게 쓰려고 하면 앞의 한두 꼭지만 열정적으로 열심히 쓴 후, 다음 꼭지부터는 부담감에 더 못 쓸 것이다. 내 장담한다.

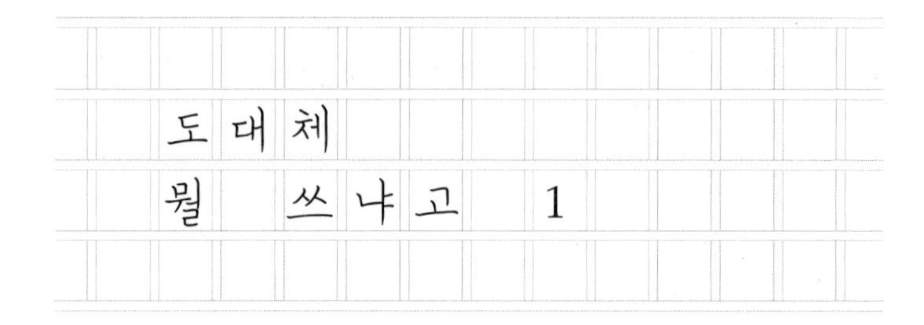

일단 쓰는 게 중요하다는 것을 알았다. 매일 쓰는 것도 중요하고, 알든 모르든 일단 쓰는 게 정말 중요하다는 것을 알았다고 치자. 그렇다면 무엇을 써야 할까? 쓰고는 싶은데 뭘 써야 할지 정말 모르겠다. 책은 내고 싶은데 도대체 뭐로 쓴단 말인가. 정말 난감해진다.

그대여, 당신의 관심사가 무엇인가? 잘 알고 모르고를 떠나 진짜 관심 있는 것이 무엇인가? 돈인가? 땅인가? 사랑인가? 우정인가? 시인가? 소설인가? 여자인가? 남자인가? 글쓰기인가? 독서인가? 섹스인가? 건강인가? 역사인가? 철학인가? 소크라테스인가? 자동차인가? 사진인가? 무협인가? 판타지인가? 시간인가? 명예인가? 출세인가? 회사생활인가? 예의범절인가? 연예인인가? 걸그룹인가? 설거지인가? 영화인가? 밥인가? 음식인가? 요리인가? 바둑인가? 장기인가? 우주인가? 별인가? 보석인가? 전쟁인가? 총인가? 비행기인가? 미사일인가? 통일인가? 결혼인가? 연애인가? 강아지인가? 고양이인가? 사업인가? 펜션인가? 안경인가? 화장인가? 신발인가? 옷인가? 여행인가? 걷기인가? 명상인가? 종교인가? 불교인가? 천주교인가? 에어컨인가? 컴퓨터인가? 노트북인가? 전기인가? 꿈인가? 전화기인가? 커피인가? 술인가? 홍대인가? 신촌인가? 불륜인가? 패륜인가? 수영인가? 바다인가? 산인가? 등산인가? 자전거인가? 보트인가? 산책인가? 터키인가? 일본인가? 러시아인가? 대통령인가? 스피커인가? 사드인가? 달력인가? 시계인가? 벽지인가? 세제인가? 화학제품인가? 말인가? 언변인가? 스피치인가?

그대가 관심 있는 분야로 책을 쓰면 된다. 아는 게 없으면 알아가면서 쓰면 된다. 잘 알고 있으면 아는 만큼 쓰고 더 쓰기 위해 공부하면 된다. 다시 쉽게 얘기해보자.

사진에 관심이 있으면 사진에 관한 책을 써보는 거다. 근데 아는 게 너무도 없다. 사진기 종류도 모르고, 사진 구도 잡을 줄도 모르고, 다 모른다. 그러니까 관심만 있는 것이지 아는 게 없다. 그럼, 일단 사진에 관한 책을 읽는 거다. 대신 읽을 때 저자의 입장에서 읽는다. 이 책을 쓴 저자는 이런 식으로 책을 구성해서 썼구나. 음, 이건 배워야겠다. 이건 좀 아닌데? 이런 식으로 분석하면서 읽기로 하자. 그렇게 사진에 관한 책을 100권쯤 읽어보자. 1년 정도 걸릴 것이다. 길면 3년이 걸린다.

읽다 보면 자신에게 딱! 하고 얻어걸리는 책들이 몇 권 있다. 그 책들을 그대로 베껴 써보자. 목차, 내용들을 말이다. 마치 그 책의 저자가 된 것처럼 쓴다. 그렇게 하면 '아, 책은 이렇게 쓰는 거구나' 하는 느낌이 온다. 그걸 그대로 책으로 낼 수 없으니 나만의 목소리를 내보는 거다. 그동안 읽었던 책들을 바탕으로 해서 자신만의 목소리를 쓰는 거다. 막말로, 책의 목차를 그대로 따라 해도 된다. 글자 몇 개, 배치만 조금씩 바꿔주면 된다. 같은 주제로 글을 쓰기 때문에 어차피 내용이 거기서 거기다. 공통적으로 통하는 부분을 빼고 자신의 목소리가 20%만 되어도 된다. 사진에 관한 책 100권을 읽고 총정리하는 기분으로 책을 써도 된다.《사진 책 100권을 읽고 통합 정리한 책》이라고 제목을 잡아도 된다. 짜깁기하고 나만의 생각, 느낌을 곁들이면 훌륭한 한 권의 책이 완성될 수 있다. 요약, 정리, 느낌. 유시민의 첫 책《거꾸로 읽는 세계사》는 이런 식으로 만들어졌다고 한다.

하고 싶은 공부를 하면서 책을 쓸 수 있다. 공부도 잘된다. 책을 쓴다는 것은 누군가에게 알려주는 건데, 그러기 위해서는 더 공부를 해야 한다. 선생님이 학생들을 가르치기 위해 더 공부하는 것처럼 말이다. 누군가를 1시간 가르쳐주려면 적어도 2~4시간 공부해야 한다. 누군가에게 알려주기 위해 공부를 하다 보면 더 열심히 공부할 수 있다. 꿩 먹고 알 먹고다.

혹시 당신이 어떤 자격증 시험에 합격했는가? 아니면 토익 점수가 꽤 높은가? 원래 낮았는데 공부하다 보니 점수가 950점 이상 되는가? 뭔가 나만의 노하우가 있는가? 물건 싸게 사는 노하우도 좋다. 해외 여행 싸게 가는 노하우, 국내 여행 재미나게 가는 노하우, 캠핑 노하우, 방청소 노하우, 채팅 노하우, 여자 꼬시기 노하우, 양다리 걸치기 노하우, 술 잘 마시기 노하우 등등 노하우 없는가? 그런 거 쓰면 책이 된다. 나만의 노하우를 쓰는 거다. 마치 내가 이 책을 쓰듯, 자신만의 노하우가 바로 책이다.

기왕 나왔으니, 여러 가지 노하우에 대해서 써보자.

대학 입학원서 눈치 있게 넣기, 9급 공무원 합격 비결, 50가지 자격증 도전기, 장사로 돈 버는 방법, 일당직 막노동의 장점과 단점, 꽃꽂이하는 방법 또는 나만의 노하우 등등 많다. 이런 것들이 책의 분량이 되려면 여러 가지 내용들을 덧붙이면 되는데, 그래도 책의 분량(A4 100쪽)이 안 나올 것 같으면 여러 가지를 묶으면 된다. 제목을 그럴싸하게 짓자.

제목 : 《나만 알고 있는 노하우 대공개》

목차 :

1. 1시간 안에 집안 대청소하는 노하우

2. 한 달에 책 10권 읽는 비법

3. 마음에 드는 여자 1시간에 꼬시는 방법

4. 일당직 노동으로 한 달에 300만 원 버는 비법

등등 쭉쭉 써나가면 될 것이다.

이런 식으로 자기가 잘 아는 것, 또는 지금은 모르지만 알고 싶은 것, 공부하고 싶은 것, 노하우 같은 것을 묶으면 책이 된다. 뭘 쓸지 고민할 필요가 없다. 이미 자신이 알고 있다. 그걸 글로 풀어내기만 하면 된다. 간단하다. 글자크기 10포인트로 A4용지 100쪽만 쓰면 된다. 매일 1쪽씩 쓰면 100일이면 완성된다. 매일 2쪽씩 쓰면 50일이면 완성된다. 책은 이렇게 쓰면 된다. 뭐 대단한 게 아니다.

만약 클래식 음악을 알고 싶어서 공부하면서 책을 쓰기로 결심했다고 치자. 클래식 음악을 공부하고 관련 자료를 찾아보고 실천하면서 좌충우돌 경험을 한다. 원고도 쓰고 출판사 노크도 하다가 결국 책을 내지 못했다고 치자. 그래도 남는 게 있다. 허송세월한 게 아니다. 다이어트를 하고 있는가? 거기에 대한 책을 쓰는 거다. 취미로 배드민턴을 하고 있는가? 거기에 대한 책을 쓰는 거다. 회사에서 인사 쪽 일을 하고 있는가? 거기에 대한 책을 쓰는 거다. 뭐 별거 있냐? 없다.

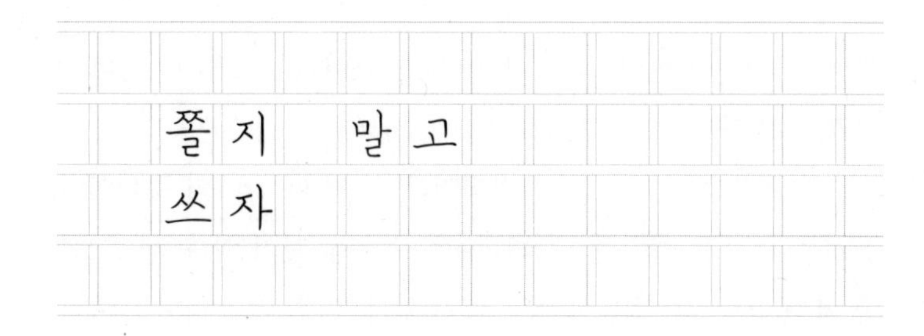

책을 내기로 결심하고 글을 쓰기 시작할 때 초반에는 제법 잘 써진다. 마치 신기 내린 듯이 마구 써 내려간다. 영감이 막 떠올라 하루에 두세 꼭지를 한 번에 해치우기도 한다. 그런데 책 쓰는 작업이 단기간에 끝나는 일이 아니므로 매일 그렇게 쓸 수는 없다. 오늘 잘 써지다가도 내일이 되면 전혀 영감이 떠오르지 않아 당황하는 일도 생긴다. 그리고 가장 힘든 것은 시간이 지날수록 자신의 글에 자신감이 떨어진다는 점이다.

'이 글을 누가 읽어주기나 할까?' '아, 쓰고 봤더니 유치하네. 이거 진짜 책으로 나올 수 있을까?' '아, 오늘은 영감이 전혀 떠오르지 않아. 역시 난 안 되나봐' 같은 생각이 반드시 들게 된다. 악마의 속삭임이다. 이런 속삭임이 들리면 과감히 맞서야 한다. 버려야 한다. 원래의 계획대로 잘 쓰든 못 쓰든 꾸역꾸역 원고를 채워야 한다. 책으로 나올지 말지는 우리가 결정할 일이 아니다. 편집자들이 다 알아서 해준다. 글을 조금 못 쓰더라도 맞춤법이 엉망이라도 주어와 서술어가 잘 맞지 않더라도 걱정하지 말고 그냥 써 나가야 한다. 좋은 생각, 멋진 아이디어로 쓸 수 있다면 그걸로 된 거다.

한참 글을 쓰다가 소재가 떨어진다. 그럴 때 악마의 속삭임이 들려온다. 또는 백지를 도저히 채울 수 없을 때가 있다. 한 줄 한 줄 써 내려가기가 힘들고 벅찰 때가 있다. 이럴 때도 악마의 속삭임은 들린다. 이럴 때 어떻게 해야 하는가? 그냥 접을까? 지금까지 쓴 원고가 아까워서라도 계속 써 나가야 한다. 글의 내용이나 참신성이나 조잡한 문장 같은 것은 신경 쓰지 말자. 그냥 백지를 채워나가는 것에만 집중하자. 나중에 퇴고의 과정을 통해 고쳐 나가면 된다. 그때가 되면 지금은 생각지도 못한 아이디어가 생겨 더 좋은 글로 변신시킬 수 있다. 일단은 백지를 채워나가는 것이 제일 중요하다.

첫 책을 쓸 때 내용이 허접해 보였다. 허술해 보였고, '너무 쉽게 썼나?' 걱정이 되기도 했다. 그러나 나는 매일 한 쪽을 완성해 나갔다. 되든 안 되든 완주를 목표로 걸었다. 그게 다였다. 그렇게 원고를 완성하고 출판사 200곳에 내 원고를 돌렸을 때 정말 받아주는 곳이 없으면 접으리라 생각했다. 원고 쓰기가 힘들고 지칠 때마다 책을 읽었다. 남의 책을 읽으면서 오히려 용기가 났다. 조금은 건방지긴 했지만 이랬다. '아니 이 정도 원고도 책으로 나오는데 내 원고가 책으로 안 나오겠어?' 용기가 생겼다. 남의 책과 내 원고를 비교하면서 용기를 얻은 것이다.

사실 지금 쓰고 있는 이 원고도 마찬가지 생각이 든다. 첫 책을 쓸 때보다 오히려 필력이 떨어진 느낌이다. 마음에 차지 않는다. 그럼에도 불구하고 나는 그냥 계속 써 내려간다. 의식의 흐름에 맞춰 손가락은 자판 위에서 춤을 추고 있는 거다. 책쓰는 용기가 떨어질 때마다 책 같지도 않은 책을 준비해뒀다가 읽도록 하자. 용기 백 배, 자신감 천 배 상승할지도 모른다.

사람마다 수준이 다르다. 모든 사람의 수준이 다 고차원은 아니다. 이해하기 쉽게 예를 들어보자. 사람마다 수준이 1단계, 2단계, 3단계부터 10단계까지 있다고 보자. 1단계의 사람이 10단계의 책을 읽을 수 없다. 1단계는 2단계나 3단계까지가 딱 읽기 좋다. 시대를 관통하는 고전이라는 책들을 1단계가 읽어낼 재간이 없다. 3단계는 어떨까? 그에게는 3~4단계가 읽기에 딱 좋다. 5단계만 되어도 이해가 힘들고 버겁다. 그러나 1~2단계는 유치해 보인다. 따라서 모든 단계의 사람들에게는 각 단계에 맞는 책이 있어야 한다. 모든 책이 다 10단계일 필요는 없다.

이는 저자에게도 통한다. 3단계의 저자는 3~4단계를 위해 책을 쓴다. 물론 5단계 이상이 본다면 무진장 유치할 것이다. 이렇게 말할 수도 있다. "이런 것도 책이라고 쓰네." 그러나 1,2,3단계의 사람들은 많은 도움과 공감을 받을 수도 있다. 책이 모든 사람을 만족시킬 수는 없다. 어린이부터 노인까지, 여성부터 남성 모두를 아우를 수 있는 책은 없다. 타깃 독자가 다르다. 아동용 책을 어른이 볼 때 어떤가? 유치하지 않은가. 그렇다면 아동용 책은 쓰레기일까? 그렇지 않다. 다 쓸모가 있다. 모든 책은 다 가치가 있는 것이다.

그래서 용기가 났다. 나의 이 책은 '첫 책을 출판하려는 사람들에게 도움을 주고자' 쓴 것이다. 책쓰기에 관한 책이 시중에 엄청나게 많이 나와 있지만, 눈높이가 다소 높다. 나의 책은 매우 낮다. 내가 첫 책을 쓰면서 경험했던 것, 느꼈던 것을 가감 없이 쓰면서 독자들이 첫 책을 쓰는데 도움을 주고자 최대한 쉽게 쓴 책이다. 정말 맨땅에 헤딩하듯이 첫 책을 쓰고 출간한 나의 경험이 도움이 될 듯싶었다. 기존의 책쓰기 책들은 모두 한다 하는 사람들이 썼다.수준이 높다. 그러나 나의 책은 수준이 낮다. 이런 책도 다 가치가 있다. 다른 책쓰기 책과 비교해보자면 참 유치뽕짝이지만 그럼에도 불구하고 이 책에 딱 맞는 독자들이 있을 줄 믿는다. 그게 바로 용기다. 이런 식으로 책을 쓸 때 용기를 가지면 된다. 모든 독자들에게 사랑을 받을 책을 쓰면 망한다. 주요 타깃을 잡고 써야 한다. 그래야 용기도 생기고 글도 잘 써진다.

타깃 독자를 확실히 잡고 독자 한 명에게 이야기하듯 쓰면 글이 잘 써진다. 예를 들어보자. 필자의 블로그에 종종 "책을 어떻게 썼느냐?" 라는 질문이 들어온다. "책은 잘 팔리느냐?" "목차는 어떻게 잡느냐?" "책 쓰는 법 좀 알려줘라" 같은 질문이 쏟아진다. **사실 이 질문에 답하기 위해 나는 책쓰기에 관한 책을 쓰**

게 되었다. 나 같은 무지렁이에게 책쓰기에 대한 질문을 해주어서 일단 고마웠다. 한편으로는 이런 생각도 들었다. '내가 뭘 가르쳐줄 수 있을까? 이제 고작 책 몇 권 낸 놈인데. 정말 도움이 될까? 그냥 시중에 책쓰기 책 읽으면 되는데, 왜 굳이 나에게 물을까?' 뭔가 나에게도 들을 말이 있으니까 물어봤을 것이다. 사실 그렇다. 나도 첫 책을 내기 위해서 시중에 나온 책쓰기에 관한 책을 모조리 섭렵하지 않았던가. 그랬다. 나는 책을 내고 싶어 책쓰기에 관한 책을 모조리 읽었다. 나만큼 책쓰기에 관한 책을 읽은 사람도 동시대에 별로 없을 것이다. 그러니 나도 나름대로 할 이야기가 있을 거란 생각이 들었다. 그리고 첫 책도 내지 않았는가. 그래서 나의 타깃 독자는 첫 책을 내려는 초짜들이다. 이들에게라면 나도 도움을 줄 수 있을 거라는 생각이 들었다.

타깃 독자를 잡고, 자신만의 이야기를 진솔하게 뽑아낸다면 절대 쫄 필요가 없다. 진실은 지적 수준이 높든 낮든, 돈이 있든 없든 다 통하는 법이다. 독자를 위해 조금이라도 도움이 되고자 하는 마음이 있다면 충분히 책을 쓸 수 있다. 모든 사람에게 사랑받으려 하지 말자. 타깃 독자들에게만 사랑받으면 된다. 안티가 없는 연예인이 어디 있는가. 아무리 인기 있는 연예인이라도 안티팬은 존재한다. 세상에 가장 바보스러운 일이 모든 사람들에게 사랑받길 원하는 것이라고 했다. 그러니 쫄지 말고 그냥 쓰자.

오히려 첫 책《오늘도 조금씩》을 쓸 때 덜 쫄았던 거 같다. 아무것도 모르니까 용감했다고 볼 수 있다. 그저 내가 생각했던 것에 확신이 있었다. '매일 조금씩 하다 보면 나중에 크게 이룰 수 있다' '매일 조금씩 하다 보면 습관이 생기고 그 습관으로 인해 저절로 성공한 인생을 살 수 있다'는 확신이 있었다. 소설《태백산맥》10권을 필사하면서 값진 경험을 했다. 그 경험 덕분에 확신에 가까운 신념이 생겼고, 그 신념을 많은 사람들과 공유하고 싶은 마음이 강했다. **책을 써서 돈을 벌고 싶은 마음보다, 유명해지고 싶은 마음보다, 공유하고자 하는 마음이 컸다.**

신념이 있다면 글이 더 잘 써진다. 직간접 경험으로 배운 것, 몸으로 배운 것에 신념이 생기면 글이 잘 써진다. 진실이기 때문이다. 자꾸 꾸미려고 하고 거짓말을 하려고 하면 글이 안 써진다. 정말 자신에게 솔직한 글을 써보자. 감성적이면 더 좋다. 기분이 나쁠 때 기분 나쁜 이유에 대해서 써보자. 휘리릭 몇 장이고 쓸 수 있을 것이다. 그게 어떻게 가능할까? 자신에게 솔직하면 가능해진다. 자신의 신념에 확신을 갖는다면 글은 잘 써지게 되고, 쫄지도 않을 것이다. 부디 쫄지 말고 생긴 대로 쓰자.

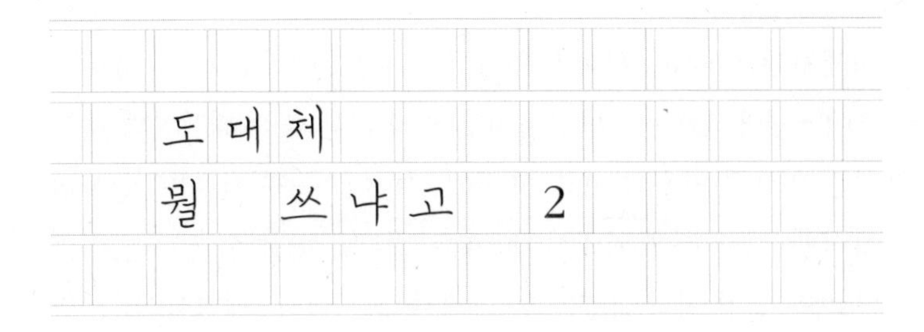

사람마다 적어도 한 권의 책을 낼 수 있는 경험과 지식을 가지고 있지만, 뭘 써야 할지 몰라서 못 쓴다. 소설을 쓸 것인가, 수필을 쓸 것인가, 시를 쓸 것인가, 인문을, 자기계발서를, 철학을…. 종류가 많기도 많다. 과연 무엇을 어떻게 쓸 것인가?

내 얘기부터 먼저 해야겠다. 나는 뭐 하나 자랑할 만한 게 없었다. 아, 있었다. 적어도 게임은 진력나도록 했으니 자랑(?)할 만했다. 그러나 그것을 가지고 책을 쓸 수는 없었다. 아니, 게임을 끊었던 방법에 대해 써도 되겠다. 자꾸 찾다 보면 보이게 되는데, 과연 독자들의 호응을 불러일으키겠는지가 중요하다. 자신만의 이야기를 공허한 메아리치듯이 토해내고 마는 것은 아닌지 말이다. 하여튼 딱히 자랑할 만한 것이 없었다. 책은 쓰고 싶었고, 책을 읽고 독후감을 정리해둔 것을 가지고 엮어볼까? 책에 빠진 이야기를 해볼까? 이런저런 생각을 하고 있던 차에 네이버 지식인에서 조정래 선생님 동영상을 보게 되었다.

'태백산맥 10권 필사를 다 마치면 태백산맥 문학관에 영구 전

시해주겠다. 이름 석 자 딱 박아서.'

이거였다. 맞다. 대한민국이 망하지 않는 이상 태백산맥 문학관은 영구히 있을 것이고, 조정래 선생이 누구인가 이미 전설이 아닌가. 그런 분에 기대서 내 이름 석 자를 박을 수 있다면 이보다 쉬운 일이 어디 있겠는가. 그래서 나는 덜컥《태백산맥》10권을 필사하기 시작했다. 얄팍한 셈법이었다.

그런데, 이상한 일이 벌어지기 시작했다. 매일 조금씩 필사를 하다 보니 끈기가 생겼다. 뭘 해도 금방 포기하던 성격이 서서히 개조되기 시작했다. 매일 조금씩만 했는데 결국 필사를 완성했다. 이상야릇한 경험이었다. 어라, 내가 해내다니. 그다지 많은 노력을 하지도 않았는데 계속하니까 뭔가를 이뤄내는구나. 큰 깨달음이었다. 바로 조정래 선생님이 자식과 며느리에게 필사를 시킨 이유가 바로 그거였다. 매일 매일 지치지 않고 미련하게 하는 노력이 얼마나 큰 성과를 나타내는지 알려주신 것이었다. 나는 이것을 책으로 엮어보고 싶었다. 매일 조금씩 하는 힘에 대해서 써보기로 한 것이다.

그래서 나온 책이《오늘도 조금씩》이었다. 내가 원하던 원래 제목은《매일 조금씩》또는《매일 하는 힘》이었지만 출판사에서《오늘도 조금씩》으로 요청했다. 나는 두말없이 OK 했다. 어디 감히 초짜가 토를 달겠는가. 괜히 토 달았다가 편집자에게 거슬려 책 안 내주면 어쩌나 싶어 무조건 네, 네 했다. 또다시 원고를 들고 다른 출판사를 돌아다니고 싶지 않았다.

이렇듯 인생에 있어서 어떤 큰 깨달음이 있으면 책이 술술 써진다. 다른 사람들에게 알리고 싶은 거다. 인간의 본성은 그렇다. 뭔가 좋은 것이 있으면 나누고자 하는 고운 마음씨를 갖고 있다. 유튜브에 수많은 사용자들이 좋은 정보를 올려서 공짜로 제공하는 것도 인간의 본성이 그렇기에 가능한 것이다.

어느 누구나 책 한 권쯤은 쓸 수 있는 경험과 지식이 있다. 누구나 가능하다. 용기만 조금 내면 된다. '아니, 내가… 가방끈도 짧은데… 에이, 됐어…' 라고 할 필요가 없다. 가방끈 짧은 게 오히려 홍보에 유리하다. 유명하고 많이 배운 사람들만 책 내는데 독자들은 지쳐버렸다. 나 또한 그렇다. 책을 사면 반드시 저자에 대해서 읽어보는데, 다들 너무나 잘났다. 미국 유학에, 무슨 박사에, 돈도 많고, 엘리트에, 차도 좋고, 뭐 이런 사람들이었다. 일단 거기서 괴리감이 느껴졌다. 너무 잘난 것이다.

앞으로는 가진 거 없는 약자들의 책이 더 많이 나와야 한다. 글만 쓸 줄 알면 된다. 단어를 많이 몰라도 되고, 띄어쓰기를 못 해도, 맞춤법이 틀려도 된다. 이런 것들은 컴퓨터가, 편집자가 다 알아서 해준다. 책의 컨셉만 확실하다면 출판이 가능하다. 독특한 사고, 이채로운 경험 등등 소재와 컨셉만 확실하다면 괜찮다. 누구나 가능하다.

여행을 좋아하는가? 그럼 여행책을 써보자. 한국 여행, 외국 여행, 주말 여행, 아니면 평일 여행, 2박 3일짜리 여행들 모음, 가볼 만한 외국 여러 곳, 또는 일본 어디, 그곳에서의 여행일정, 가격 등등 얼마나 쓸 내용이 넘쳐 흐르겠는가. 낚시를 좋아하는가? 그럼 낚시에 대해 써보자. 낚시하는 방법, 낚시하기 좋은 장소, 거기에 들어가는 금액, 이러저러한 내용이 엄청나게 많은 것이다. 다 직접 경험했기 때문에 사진도 넣고 쓰다 보면 금방 책 한 권 만들 수 있다. 누구나 책을 낼 수 있다. 자신이 가장 좋아하는 일이 최고의 글감이다. 그런 것을 글로 풀어쓰면 된다.

남들이 써 놓은 책을 유심히 관찰해보는 것도 좋다. 목차는 어떻게 이루어졌는지, 꼭지당 글의 길이는 어느 정도인지, 몇 페이지로 이루어졌는지, 다양한 경험을 바탕으로 쓴 글인지, 충분한 독서를 통해 쓴 글인지 관찰하는 연습도 필요하다. **첫 책을 쓸 때의 롤모델은 첫 책을 쓴 사람들로 잡는 게 좋다.** 될 수 있으면 나 같은 일반인이 쓴 책이 좋다. 대학교수나 의사, 박사가 쓴 글은 지양한다. 그들이 쓴 글을 따라 해서는 절대 그들과 차별성을 둘 수 없다. 정말 배울 게 있는 책은 초짜가 쓴 첫 책이다. 출판사에서 초짜의 책을 출판해주었다는 것은 뭔가 매력이 있다는 뜻이다. 그것을 캐치해서 써먹으면 되겠다.

누가 읽어줄까 걱정하지 말자. 다 나름의 독자층이 존재한다. 비슷한 사람끼리 어울린다고, 관심사가 비슷한 사람들이 그 책을 보게 된다. 대신 책을 쓸 때 뭔가 독특한 것이 있으면 좋겠다. 그것이 책 판매에 도움이 될 테니 말이다. 그러나 사실 없어도 된다. 괜히 독특한 거 찾다가 괜히 쫄아서 책을 못 쓸 수 있다. 그냥 우리는 존재 자체가 독특한 거다. 우리 존재를 믿고 일단 쓰자. 독특한 거 찾다가 책을 안 쓰는 것보다 낫다. 죽이 되든 밥이 되든 쓰는 게 상책이다. 좋은 아이디어 찾으려고, 좋은 글감 찾으려다가 결국 책쓰기로 결심한 지 20년, 30년이 지나도 책을 못 쓰게 된다. 일단 쓰고, 출판사에 돌리다 보면 종종 편집자들이 정말 칼같이 조언을 해줄 때가 있다. 그런 것을 잘 받아다가 다시 자신의 글에 접목해서 고치는 과정을 반복하면 글이 좋아진다. 그렇게 하다 보면 책이 나온다.

살면서 느끼는 건데 정말 내 맘대로 할 수 있는 게 점점 줄어드는 것만 같아 서글프다. 나이가 들수록 철이 든다는 말은 점점 내 마음대로 할 수 있는 게 없어진다는 말 같다. 적어도 몇 개는 가지고 있어야 하지 않겠는가. 책을 내려고 원고를 쓰는데 그 원고마저도 마음대로 쓸 수 없다면 이 얼마나 슬픈 현실이란 말인가. 내 존재만으로 가치 있음을 느끼고 그것을 책으로 엮어낼 수 있을 때 자존감도 생기고 세상도 살 만하다고 느끼게 될 것이다. **결국 책쓰기는 내 안에 숨어있는 것을 찾아내는 과정이다.** 모든 것이 내 안에 있다. 그것을 찾아 꺼내서 쓰기만 하면 된다. 그게 바로 책쓰기다.

책을 쓰려면 블로그에 글을 올리되 블로그에 직접 쓰지 않는 게 좋다. 나의 경우 한글프로그램에 글을 쓴 뒤 복사해서 블로그에 올렸다. 블로그에 직접 쓰면 글의 분량을 알 수 없다. 글의 분량을 쉽게 파악하려면 블로그에 먼저 글을 올리지 말고 한글프로그램을 사용할 것을 추천한다. 그래야 몇 자를 썼는지, 원고지 몇 장 분량인지 잘 알 수 있다. 한글에서 Crtl+q+i 를 누르면 문서정보를 확인할 수 있다. 문서통계로 들어가서 글자 수, 낱말, 줄, 문단, 쪽, 원고지로 했을 때의 분량 등을 알 수 있다.

블로그에 글을 올려봐서 알겠지만, 글이 길면 이웃들이 보지 않는다. 압박감이 크기 때문이다. 블로그의 글은 짧고 명쾌한 게 좋다. 이웃 블로그 글을 읽어보자. 단박에 확인할 수 있다. 긴 글은 안 읽힌다. 그림이나 사진이 좀 들어가야 읽히고 동영상이 있어야 좋다. 따라서 책을 내려는 사람은 될 수 있으면 블로그에 글을 올려 많은 사람들로부터 '좋아요'를 받기보다는 기본적으로 책을 쓰겠다는 생각으로 한글프로그램에 글을 쓴 뒤 블로그에 올리는 것이 낫다. 내 글을 읽히고 싶거든 문장마다 한 줄씩 띄어 주면 좋다. 여백이 있어야 화면으로도 읽기가 편하다.

글자크기 10포인트로 A4용지 한 장에 글을 완성한 뒤에 복사해서 블로그에 올려보자. 빽빽하다. 정말 좋은 글이 아니면 읽기 싫을 정도다. 팬이 확보되면 모를까 대부분의 사람들은 읽지 않는다. 듬성듬성 몇 줄 안 되는 글이 좋지 그런 글은 싫어한다. 그래서 그들의 입맛에 맞추려고 듬성듬성 짧은 글을 쓰려다 보면 오히려 책을 쓸 수 없게 된다. 필력이 늘지 않는다. 단순하고 편리한 글이야 많이 쓰겠지만, 책을 내기 위한 글쓰기에는 도움이 되지 않는다.

A4용지에 써야 하는 이유는 어떻게든 한 쪽을 채우려고 노력할 수 있기 때문이다. 블로그에 올리는 글은 그런 강박이 없다. '쪽'의 개념이 없기 때문이다. 시를 쓰거나 짧은 콩트 글은 블로그에 올리기 좋지만, 그 외 글은 한글에 쓰는 게 나을 듯싶다. A4용지 한 쪽에 글을 다 쓰면 원고지 약 8장 분량이 된다. 책으로 치면 내 첫 책 기준으로 3쪽이 나온다. 한 꼭지 글로 최소의 양이다. 이보다 적으면 책으로 내기 힘들다. A4용지로 2쪽 정도는 넉넉한 편이고 3쪽은 좀 많다. 1쪽도 책으로 내기는 가능하다. 그러나 1쪽을 채우는 문장력이 없으면 책쓰기는 조금 힘들어진다. 그러니 1쪽을 어떻게든 완성하는 연습을 계속해야 한다. 그런 연습은 블로그보다는 한글에서 더 좋다.

첫 책의 초고는 사실 블로그에 올렸었다. 내키는 만큼만 썼다. 어느 정도 썼다 싶어 출판사에 원고를 넘기려고 한글프로그램으로 블로그 글을 복사해서 옮겼다. 그런데 분량이 너무 초라했다. 도저히 책으로 낼 수 없을 정도의 분량이었던 것이다. 갑자기 분량을 늘리는 일이 엄청난 부담으로 다가왔다. 그때 알았다. 어차피 출판사에 원고를 줄 때는 한글프로그램으로 줘야 한다. 나중에 일일이 블로그 글을 복사해 나르는 것도 쉬운 일은 아니다. 미리 하나씩 저장해두는 것이 더 낫다.

트위터 같은 SNS에 짧은 글쓰기에 길들여지다 보면 A4 한 쪽 채우기가 힘들어진다. 책은 SNS식의 짧은 글로는 낼 수 없다. 최소 꼭지글 분량이 A4 한 쪽이다. 이것은 연습을 통해 이루어진다. 자신을 테스트해보자. A4 한 쪽을 채울 만한 능력이 되는지 점검해보자. 그게 안 되면 일단 그게 되게끔 노력해야 한다. 매일 조금씩이라도 계속적으로 그 연습을 해야 한다. A4 한 쪽을 어떻게든 채우는 연습이 필요하다.

예전에는 나도 블로그를 참 많이 했다. 사람들의 반응이 궁금했다. '좋아요'를 많이 받으면 기분이 좋아졌고, 글을 올렸는데 반응이 없으면 금세 낙담했다. 내 글에 '좋아요'를 받기 위해 읽지도 않은 남들 글에 '좋아요'를 달고는 했다. 책 내기에 하등 도움이 되지 않는 짓을 한 것이다.

나는 요즘 동시에 원고를 몇 개 쓰고 있다. 그래서 블로그를 잘 안 한다. 블로그에 글을 올리지 않는다. 물론 저장용 비공개 글은 올리지만 글을 공개로 해놓고 사람들의 반응을 살피지 않는다. 블로깅을 좋아하면 글을 쓰는데 방해가 된다. 반대로 동기부여가 되어 글이 잘 써지는 사람도 있겠지만, 시간이 흐를수록 내가 블로그를 안 하는 걸 봐서 책쓰기에 도움이 많이 떨어지는 거 같다. 대신 난 늘 한글프로그램을 켜놓고 백지의 A4를 띄워놓는다. 어떻게든 오늘도 한 쪽 채워야겠다는 욕심이다.

유명한 베스트셀러 작가인 사이토 다카시가 쓴《원고지 10장을 쓰는 힘》이라는 책이 많은 도움이 되었다. 그는 한국에서 수많은 베스트셀러를 써냈는데 나는 단연 이 책을 으뜸으로 삼는다. 글쓰는 데 도움이 많이 되고 읽기도 쉽다. 여기서 말하는 원고지 10장은 거의 A4용지 한 쪽과 맞먹는 양이다. 이것을 써낼 수 있으면 작가가 될 수 있는 것이다. 이 책을 2010년도에 읽었는데 이런 구절이 있다.

> 글에서 '기승전결'은 각각 동등하게 구성되는 것이 아니다. 사실 글의 모든 것은 '전'이 있느냐 없느냐에 달려있다. 생각하는 순서로 보면 오히려 '전'이 제일 우선이다. 즉 '전승기결'인 것이다.

> 일단 '전'이 구체적으로 정리되면, 기와 승은 완성된 것이나 다름없다. 물론 결은 제일 나중에 쓴다. 전체적인 글의 구성은 대략적으로 생각하되, '전' 부분은 확실히 해두어야 한다. '전'에 모든 것을 걸고, 그 부분부터 쓰기 시작해도 글을 짜임새 있게 완성할 수 있다. (p.21)

이런 식으로 글쓰기에 도움이 되는 글이 있으니 일독을 권한다. 이 책 말고도 글쓰기에 관한 책이 참 많다. 그러나 다 어렵다. 읽을수록 포기하고 싶어진다. 그러니 글쓰기에 관한 책은 이 책 하나로 충분하고 읽는 대신 어떻게든 쓰는데 집중하자.

또 이 책에 공병호 소장이 추천사를 남겼는데 이 말도 일면 동감한다.

> "그렇게 책을 많이 쓸 수 있는 비결이 무엇입니까?"
> 내가 가장 많이 받는 질문 가운데 하나다. 아마 글쓰는 일을 그다지 엄숙하게 생각하지 않기 때문일 것이다.

글이 별건가. 말을 문자로 옮겨놓은 것이 글이다. 말하듯 글을 쓰면 된다. 쉽게 하면 되는데 대부분 어렵게 생각하는 것에 치여 책을 못 낸다.

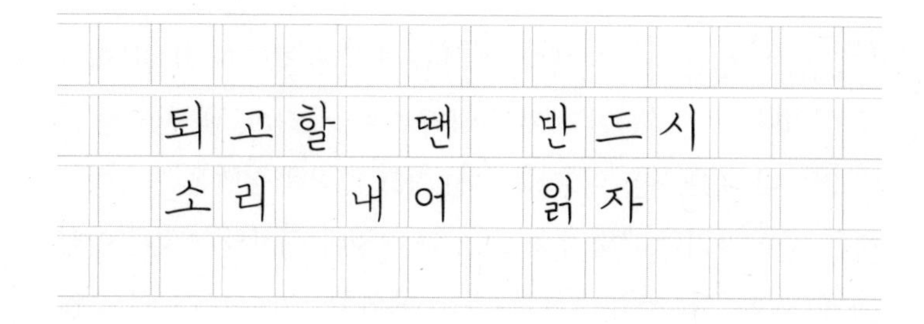

초고를 대충 완성했으면 퇴고의 과정을 거쳐야 한다. 초고를 쓰는데 5 라는 시간을 썼다면 퇴고도 5 정도 사용한다. 그만큼 퇴고의 과정이 중요하다. 나는 초고를 가뿐하게 쓰는 편인데 퇴고할 때는 참 힘들다. 초고 쓰듯 쉽게 퇴고하고 싶지만 잘해야 된다는 강박이 있어서 그런지 잘 안 된다. 퇴고의 과정은 지겹다. 그래서 즐겁게 퇴고하기 위해 소리 내어 읽는다. 읽으면서 퇴고하면 쉽고 재밌다. 대신 목이 아프다. 손으로 쓴 글을 눈으로만 읽는 것과 소리를 내서 읽는 것은 차이가 많이 난다. 눈으로 봤을 때는 아무 이상 없는 문장도 읽다 보면 어색할 때가 많다. 퇴고할 때는 반드시 소리 내어 읽는 게 좋다. 그것도 천천히 읽어야 한다. 빠르게 읽으면 목만 아프지 좋은 글로 만들어지지 않는다. 아마 많은 작가들이 이런 식으로 퇴고를 할 것이다.

초고는 한 번으로 끝나지만 퇴고는 두 번 세 번 거듭된다. 그래서 책을 낼 때 좀 지겹다. 같은 책을 한 번 읽고 마는 편인데, 아무리 내 책이라도 반복해서 읽으니까 짜증이 났다. 그래서 나는 퇴고를 딱 두 번만 하기로 했다. 소리 내서 읽은 것도 딱 한 번! 억지로 읽었다. 편집자님이 시켜서 억지로 한 게 다다. 내 원고를 계속 읽느니 다른 책을 읽고 싶었다. 퇴고 과정에 심혈을 기울여야 하는 것을 알지만 그렇지 못했다. 아는 것과 실천하는 것은 이렇게 차이가 크다. 솔직히 알면서도 못해서였을까? 책이 나온 후에 오타가 보였다. 편집자님도 잡아내지 못한 오타였다. 내가 좀 더 봐야 했는데 다 내 책임이다.

퇴고의 과정이 재밌으려면 초고의 원고가 전혀 기억나지 않는 게 좋다. 즉, 초고를 써 놓고 오랫동안 묵혀놨다가 원고를 꺼내서 퇴고하는 게 제일 좋다. 마치 남이 쓴 책을 읽는 기분이 들면 딱 좋다. 어느 정도 묵혀야 기억이 나지 않을까? 최소한 3개월은 묵히는 게 좋을 듯싶다. 묵힌 대신 퇴고할 때는 집중적으로 원고를 처음부터 끝까지 며칠 내에 걸쳐 검토해야 한다. 그래야 글투나 내용의 통일성을 유지할 수 있다.

퇴고는 써 놓은 글을 수정만 하는 작업이 아니다. 새로운 내용이나 더 쓰고 싶은 것을 추가로 보태는 작업도 포함된다. 원고가 보다 풍성해지는 거다. 어느 독한 편집자는 초고의 내용을 거의 다 수정하기를 원하기도 한다. 첫 책을 내기 전, 한 출판사에 출간문의를 했는데 책을 내자고 답신이 왔다. 그러나 편집자가 요구하는 게 한도 끝도 없었다. 이런 내용을 추가해줘라, 저런 내용으로 글을 다시 써보는 게 어떻겠느냐 등등 요구사항이 많았다.

나는 지쳐갔다. 이게 책쓰는 방식인가? 힘들었다. 또한 내가 경험하지 않은 부분까지 요구를 했다. 거짓말을 쓰라는 거였다. 나는 도저히 안 되겠다 싶어 그 출판사와 연락을 끊었다. 물론 출판 계약도 하지 않은 상황에서 그런 요구를 받았던 것이다. 그러니 출판사와 작업을 할 때는 무조건 먼저 계약서를 작성하고 해야 한다. 그렇지 않으면 거의 파투나게 되어 있다.

소리를 내어 읽으면 아무리 글을 못 쓰는 사람도 잘 쓸 수 있다. 어색한 문장이 그냥 들어오기 때문이다. 태어나면서부터 사용한 말이라 자연스럽게 누구든지 체득한 능력이다. 눈으로만 훑어보는 것과 입으로 또박또박 체크하는 것은 당연히 차이가 날 것이다. 퇴고할 때 정말 지겨우면 하루에 한 꼭지씩 해도 된다. 그러나 나는 집중적으로 며칠 안에 끝내기를 추천한다.

다음 글을 한번 읽어보자.

나는우리나라가부강한나라가되었으면좋겠습니다언제까지약소국으로남을것입니까우리나라도이제문화의힘으로강대국의대열에들어서기를원합니다이제중요한것은땅의크기가아닙니다인구가물론중요하기도하겠죠그러나더중요한것은문화라고생각합니다강한문화를가진민족이결국앞으로의세상을제패해나갈것이기때문입니다.

띄어쓰기가 안 되어 있다. 쉼표, 따옴표도 없다. 눈으로 읽으면 내용이 들어오지 않는다. 그러나 윗글을 소리 내서 읽어보자. 진짜 읽어보자. 잘 읽힌다. 저절로 띄어서 읽고 내용도 확 들어온다. 어떤가. 이게 바로 소리 내서 읽기의 마력이다. 우리가 어릴 적부터 배워온 언어이기 때문에 가능한 것이다. 소리를 내서 글을 읽으면 뇌가 더 활성화된다고 한다. 눈으로 읽고, 입으로 읽고, 귀로 읽으니 3개의 감각기관을 사용하며 읽는 방법이다. 그만큼 뇌에 자극이 더 되는 거다.

자, 그럼 소리 내어 퇴고하는 게 좋은지는 알겠는데 사실 쉽지 않은 방법이다. 읽는 시간만큼 시간이 더 걸린다. 책 한 권 분량을 계속 소리 내서 읽으면 목소리가 간다. 그렇다면 이를 어쩐다? 편법이 있다. 내가 읽기 싫으면 가족을 시킨다. 결혼을 했으면 만만한 배우자에게 소리 내어서 읽어달라고 부탁한다. 그가 읽는 소리를 귀로 들으면서 어색한 부분을 체크해놨다가 고친다. 아마 배우자가 먼저 '이거 좀 이상해'라고 말할 수도 있다. 다 참고해서 유려하게 고치면 된다. 물론 처음에는 공짜로 읽어줄 것이다. 그러나 계속해서 읽어줄 가족은 없다. 아무리 사랑하는 사람이라도 이런 요구가 계속되면 오히려 사랑에 금이 간다. 따라서 알바비를 줘야 한다. 장당 500원씩 하면 될까? 집집마다 다르니까 알아서들 정하시라. 될 수 있으면 책을 좀 읽는 사람을 고용하자. 초딩 아들을 고용해봤는데 내가 더 답답해서 죽을 뻔

했다. 요즘 애들은 학교에서도 낭독하는 숙제가 없어서 소리 내서 책을 잘 못 읽는다. 어디 잘 찾아보면 이런 게 있을 수도 있다. 문자를 입력하면 소리 내어 읽어주는 기능을 가진 그 무엇이 있을지도 모른다. 그런 거 있으면 괜찮을 듯싶은데, 아무래도 기계음이라 안 되겠다. 이도저도 안 되면 그냥 혼자 분투하자. 원래 책쓰기는 영화나 연극, 작곡과 달라 오로지 홀로 해야 하는 작업이다.

맞춤법, 띄어쓰기 등 교정은 어떻게 하면 좋을까? 검색창에 '맞춤법 띄어쓰기 검사기'를 치면 나온다. 여러 개가 나온다. 좋은 곳 하나를 골라 공짜로 이용하면 된다. 출판사에 원고를 넘길 때 예의상 어느 정도 교정은 되어 있어야 한다. 너무 막가면 편집자가 화낸다. 그를 화나게 해서 좋을 게 뭐가 있겠는가. 그래서 성의는 보여야 한다. 헷갈리는 부분을 복사(ctrl+c)해다가 붙여넣기(ctrl+v)만 하면 된다. 이 정도만 해서 보내도 된다. 물론 다 맞지는 않다. 세세한 부분은 편집자에게 맡겨놓자. 흐흐^^.

2

책을 내는 방법

첫 책은 반드시 종이책으로 낸다

출판사가 참 많다. 그리고 책 내기도 참 쉬운 세상이다. 돈이 있으면 자비출판으로 책을 내면 된다. 돈이 없어도 된다. 돈이 없으면 전자출판을 하면 된다. 전자출판은 문턱이 낮다. 웬만하면 누구나 다 출판할 수 있다. 편집자를 거치지 않기 때문이다. 그래서 질이 낮다. 누구나 책을 낼 수 있지만 질이 낮아 책 취급을 못 받을 수도 있다. 물론 편집자가 있는 전자출판사도 많다. 그런 출판사라면 괜찮지만 편집자 없는 출판사라면 지양한다.

첫 책만큼은 반드시 종이책 출판사를 거쳐 출간하기를 권한다. 이런 출판사에는 누가 있느냐? '편집자'라는 사람이 있다. 이 사람들이 **당신의 원고를 최초로 읽게 되는 첫 번째 독자다.** 이들을 만족시킬 수 없다면 결코 책을 출판할 수 없다. 작가 대접을 받고 싶다면 반드시 자신을 알아주는 편집자를 만나야 한다. 그분들을 만족시킬 수 있는 작품이라야 책을 낼 수 있다. 그러므로 편집자는 항상 옳다. 그들은 당신 원고의 첫 번째 완독 독자가 된다. 어느 누가 당신 원고를 읽어주겠는가. 고마운 분들이다.

첫 책을 전자책으로 내면 작가로서 대접받지 못한다. 또한 내가 책을 냈는지 감도 오지 않는다. 종이책 출판사를 통해서 내야 작가증정본이라고 해서 30권 정도 집으로 배달된다. 손으로 만져지는 책을 받아봐야 '아, 내가 진짜로 책을 냈구나' 싶다. 그리고 내가 쓴 책이 서점에 진열되어 있는 것을 봐야만 실감이 난다. 그러나 전자책은 조금 다르다. 그런 감을 느낄 수 없다. 인터넷상 '환상 속의 그대' 처럼 느껴진다. 손으로 만져지지도 않는다.

나는 첫 책을 내기 전에 전자책으로 무려 40여 권의 책을 냈었다. 편집자가 없는 전자출판사라 가능했다. 그냥 아무 글이나 써서 내도 그냥 책이 되었다. 사실 좀 허탈했다. '아니, 책 내기가 이렇게 쉬운 거였어?' 그런데 기분은 책 낸 거 같지가 않았다. 그저 블로그에 글을 올린 것 같은 느낌이었고 아무도 사주지 않았다. 이건 아니다 싶어, 판매중지를 요청하고 종이책 출판사를 노크하기 시작했다. 제대로 대접을 받아야겠다는 생각이 들었다.

내가 쓴 원고 중 가장 마음에 드는 원고 세 개를 가지고 많은 출판사의 문을 두드렸다. 돌아오는 것은 거절 답변뿐이었다. 수십 곳에 원고를 보냈지만 거절당했다. 대부분은 답변조차 받을 수 없었다. 거절의 답메일이라도 온 것이 반가울 정도였다. 제대로 된 출판사일수록 거절답변을 반드시 준다는 것을 알게 되었다. 거절답변조차 없는 출판사가 더 많다.

계속되는 출판사의 거절로 나는 완전히 탈진했다. '아니, 내 원고가 이렇게 가치가 없단 말인가. 이 정도면 훌륭한데. 이보다 못한 책들이 허다한데 왜 내 책을 몰라주지?' 화도 났다. 그래서 한때는 출판사에 원고 보내는 일을 중단했었다. 그러다가 어느 날, '다시 보내보자'라는 생각이 들었다. '적어도 100곳은 돌려야 하지 않겠는가' 하는 오기가 생겼고, 될 때까지 해보자 싶었다. **총 115곳의 출판사에 내 원고를 보냈고, 그 중 한 곳으로부터 반가운 소식을 받았다.** 출판계약을 하자는 메일이었다.

예전에 한 출판사에서 책을 내주겠다고 했다. 대신 전자책으로 출판을 먼저 한 후에 반응이 좋으면 종이책을 내자고 했다. 당시 조급한 마음에 덜컥 찬성을 했지만, 편집자의 많은 요구에 나는 두 손을 들고 포기했었다. 지금 와서 당시 썼던 원고를 보니까 그럴 만했다. 내용이 너무 빈약했다. 출판사에서 반응해준 것만으로 감사해야 할 일이었다. 글을 잘 쓰고 못 쓰고의 문제가 아니었다. 그런데 나는 그걸 모르고 편집자의 이런저런 요구에 짜증이 났던 것이다. 만약 출판사에서 원고에 대해 요구가 많다면 내 글이 부족하다고 생각하는 게 맞다.

편집자가 하자는 대로 그냥 따라하는 게 좋다. 배운다고 생각하자. 그러다 보면 글쓰기 실력도 늘고 스킬도 는다. 그러다가 편집자의 요구를 못 맞춰서 출판하지 못하더라도 실망하지 말자.

배운 것으로 다른 출판사를 기웃거리면 되니까.

어느 정도 실력이 되는 작가는 완전원고(완고)가 아닌 기획원고를 출판사에 넘긴다. 쓰다가 만 원고와 출간기획서만 보낸다. 그것만으로 출판계약이 이루어지는데, 우리에게는 맞지 않는 방법이다. 완고를 가지고 출판사에 노크하기를 권한다. 적어도 100쪽 이상 되는 원고를 가지고 노크하자. 물론 나중에 깡그리 고칠 수도 있다. 그래도 어느 정도 원고가 갖춰져 있어야 퇴고도 쉽지, 아무것도 없이 계속되는 편집자의 요구에 녹다운이 될 수도 있다. 그러다 글쓰기가 싫어져 영영 책을 출판하지 못할 수도 있다.

출판사에서도 완고를 좋아한다. 원고 쓰라고 놔뒀다가 흐지부지 되는 경우를 많이 당해봤기 때문이다. 하루라도 빨리 돈 될 만한 책을 만들어 팔고 싶은 게 출판사 입장이다. 그러니 완고를 투고하자.

나의 첫 책이 출간되어 집으로 증정본 30권이 배달되어 왔을 때의 그 감격은 아직도 잊을 수 없다. 서점에 진열되어 있는 내 책을 봤을 때의 기쁨도 어찌 잊을 수 있겠는가. 나는 편집자에게 "전자책은 언제 나오냐?" 고 여러 번 연락을 했다. 전자책으로도 내고 싶었다. 그런데 전자책을 안 내줄 요량인지 감감무소식이었다. 사실 포기했다. '안 내주면 말지' 라고 생각했다. 그러다가 종이책이 나오고 몇 달 후 전자책이 나왔다. 출판사에서 홍보전략이라고 말했다. 1차 종이책으로 신간을 알리고, 시들해질 때쯤 2차 전자책으로 또 신간을 알리는 방법이라고 했다. 그렇게 지금은 종이책과 전자책을 모두 보유하고 있다. 이는 출판사마다 다르다. 어떤 출판사는 거의 동시에 나온다.

확실히 종이책 출판은 시간이 더디다. 성격 급한 나로서는 너무 더뎌서 완전 돌아가시는 줄 알았다. 계약을 하고 시장상황에 맞춰 낸다고 해서 6개월 후에 책이 나왔으니 말이다. 전국 서점에 다 깔리지도 않았다. 대형 서점에는 깔려도 중소서점까지는 안 깔린다. 전국 도서관에도 다 깔렸으면 싶은데 그렇지 않다. 초짜의 첫 책을 다 받아주지는 않는 거 같다. 내 책이 있는지 없는지 내가 살고 있는 근처 도서관을 다 조사해봤다. 없었다. 그 많은 도서관에 내 책 한 권 있는 곳이 없다니 정말 놀라운 경험이었다. 그렇다고 저자인 내가 도서관에 희망도서를 신청하기에는 창피한 일이고, 우리집 사람들에게 부탁을 한다 해도 해줄 사람들이 아니라 그냥 포기했다.

종이책 출판이 더디고 힘들어도 첫 책은 반드시 그리해야 한다. 전자책이라도 상관없으니 빨리 내 책을 내보고 싶다는 사람은 전자책을 한 번 내봐도 괜찮다. 반응이 거의 없는 환상적인 경험을 할 수 있을 것이다. 아니다 싶으면 판매중지 요청을 통해 그만둘 수도 있다. 그런데 편집자 없이 전자출판을 하면 어디 가서 얘기하기도 창피하다. 이건 마치 돈 30만 원 주고 어디 잡지사에 단편소설 보내서 등단하는 것과 같은 느낌이랄까. 그럴 바엔 좀 늦더라도 종이책 출판을 위해 한 발 한 발 내딛자. 어떻게든 호구 편집자를 하나 물어서 반드시 종이책을 내보자. 세상에는 출판사가 많다. 그 많은 출판사에 어디 호구 하나 없겠는가. (호구란 표현으로 이 세상의 모든 편집자님의 심기를 건들고 싶지 않아 빼려고 했으나… 전 작가이기에 … 이 지면을 빌려 죄송하다는 말씀을 올립니다)

독자 여러분, 안녕하세요? 더블엔 편집장입니다.

많은 분들이 결심하고 실천만 하시면 쉽게(?) 책을 출간할 수 있는 시대가 되었죠. 글쓰기 아카데미가 성행하고, 책쓰기에 관한 책들도 봇물을 이루고 있습니다. 저 또한 '책쓰기'에 관한 책을 내고 싶던 차에, 더블엔에서 출간된 《소소하게, 독서중독》의 저자이신 김우태 작가님께서 '책쓰기'에 관한 원고를 쓰셨다는 말을 듣고 덥석! 물었습니다. 저자의 기획의도와 출판사 편집자의 기획방향이 잘 맞아떨어지면 출간계약이 쉽게 이루어집니다.

이 책을 집필하신 김우태 작가님께서 '작가' 입장에서 "나는 이렇게 첫 책을 썼다" "나는 이렇게 출판사 문을 두드렸다"를 말씀하시는데, 문득 '책을 내고 싶은 사람이라면 출판사 사람의 말도 듣고 싶지 않을까' 하는 생각이 들었습니다. 그래서 2장 〈책을 내는 방법〉에서는 작가님의 글이 한 꼭지 끝날 때마다 '편집장' 생각을 사족으로 달아보려 합니다. 많은 부분이 더블엔의 상황이며 더블엔 편집장의 생각이니, 대략 출판사 구조와 책이 만들어지는 시스템이 이렇구나, 정도로 참고하시면 되겠습니다. 첫 책을 출간하시는 데 조금이라도 도움이 되었으면 합니다.

이번 글에서는 책이 출간되는 과정에 관해 아주 간략하게 전반적인 사항을 정리해보았습니다.

* * *

책은 크게 기획, 원고작성, 편집, 제작의 과정을 거쳐 태어납니다. 기획은 저자가 해서 (원고를 쓰고) 출판사 문을 두드리는 방법(보통 '투고'라고 합니다)과, 출판사 (기획자 또는 편집자)가 기획을 하고 그 글을 잘 쓰실 적합한 저자를 물색하여 진행을 하는 방법이 있습니다. 이 책의 독자는 전자가 대부분이실 테니, 기획과 원고작성까지 진행되어 있는 셈입니다. 그럼, 출판사 편집자가 편집을 하고 북디자이너가 디자인을 해서 제작(인쇄, 제본)을 들어가면 멋진 한 권의 책이 출간되는 것이죠!

보통 출판사는 6개월치 이상의 출간예정도서를 준비하고 있습니다. 한 편집자가 한꺼번에 진행하는 원고가 2~3개 이상이 되기도 합니다. 곧 출간될 책 편집 진행, 집필중인 원고의 진척사항 확인, 번역서의 경우 역자와 일정 조율, 새로운 도서 기획 등 편집자는 무척 할 일이 많습니다. 원고마감일이 늦어지거나 저자가 집필을 더 이상 하지 못하면 얼른 다른 원고를 투입하여 진행해야 하는 것도 편집자의 주요업무입니다. '투고원고 검토'는 후순위로 밀려나기 쉬울 수밖에 없습니다.

하지만 그럼에도 불구하고, 편집자를 붙잡고 홀리는 원고는 반드시 있습니다. 제가 어떤 원고에 홀리냐면요. 다음 꼭지에서.^^

출간기획서 쓰기

첫 책을 낼 때 나는 출간기획서를 쓰지 않았다. 보통 출간기획서라고 해서 책의 제목, 목차, 내용요약, 저자소개 등의 설명을 간략하게 정리한 문서가 있다. 출판사마다 형식과 내용이 다르지만 그것이 존재하는 이유는 편집자가 쉽게 책의 컨셉을 캐치하기 위해서다. 100페이지나 되는 원고를 툭 던져주면 편집자가 얼마나 곤혹스럽겠는가. 일일이 다 읽기도 힘들고, 읽었는데 쓰레기라면 얼마나 열 받겠는가. 그런 수고를 조금이라도 줄이고자 출간기획서를 제출하라고 하는 출판사들이 있다.

그런 게 있는 줄은 알았지만 나는 그냥 원고만 툭 던졌다. 쓰면 좋다는 것도 알았지만 뭐 채울 만한 게 없었다.

한 출판사에서 요구한 출간기획서는 다음과 같았다.

1) 제목 : 가제목을 작성한다. 보통 제목은 편집과정에서 바뀌게 되어 있다.

2) 저자 : 자기소개란이다. 자랑할 만한 게 있으면 적으면 된다.

그런데 나 같이 딱히 자랑할 만한 게 없다면 무엇으로 이걸 채운단 말인가.

3) 분야 : 쓴 원고가 어떤 분야인지 쓰는 거다. 자기계발서인지, 소설인지, 에세이인지 밝히는 거다.

4) 집필동기 : 왜 책을 썼느냐는 건데, 솔직히 말하면 내 이름 석 자 딱 박힌 책을 내고 싶어서라고 도저히 쓸 수 없었다. 그렇다고 뭔가 꾸미는 말을 써야 하는데 딱히 떠오르지도 않았다. 모범답안은 ○○한 독자들에게 꿈과 희망을 주기 위해, 뭐 이런 식으로 쓰면 되겠다.

5) 원고내용 요약 : 원고를 요약해서 쓰라는 거다. 원고 다 읽기 싫으니까 요약해보라는 거다. 그 요약을 읽고 확 당기면 그때 가서 원고를 읽어보겠다는 것이다. 그러니 잘 요약해야 한다.

6) 대상독자 : 타깃독자를 말하는 거다. 타깃독자가 있어야 마케팅전략을 짤 수 있다. 모든 사람을 독자로 할 수 없다.

7) 유사도서 : 이 책과 비슷한 책이 있는가 하는 거다. 경쟁도서라고도 볼 수 있다. 과연 이 책을 내야 하는지, 경쟁도서들은 어떤 게 있는지 알아보는 거다.

8) 장점 : 이 책의 장점이 뭔지 말하라는 거다. 그걸 내가 어떻게 알겠는가. 초짜가.

9) 홍보 아이디어 : 책 홍보를 위해 어떤 일을 할 수 있는지 묻는 거다. 카페 팬을 많이 확보하고 있다든지, 블로그 이웃이 많다

듣지, 회사를 운영해서 직원들이 있다든지 뭐 다른 홍보 아이디어가 있는지 묻는 거다. 초짜가 있을 턱이 있겠는가.

10) 요청사항 : 뭐 특별히 출판사에 요구할 것이 있는지 형식상 묻는 거다.

이런 식으로 10개의 문항에 답을 달아 보내는 것이 소위 말해 출간기획서다. 원고를 쓰지 않고 출간기획서만으로 출판사와 계약할 수도 있다. 출간기획서를 정말 잘 쓰면 계약을 맺고 그 후부터 원고를 쓰는 경우도 많다. 그러나 우리 같이 초보들은 원고를 일단 다 쓰고 출간기획서와 함께 원고를 보내는 것이 바람직하다. 왜냐면, 초짜의 '글빨'이 얼마나 되는지 확인할 수 없기 때문이다. 따라서 최소한 책을 한 권이라도 낸 작가라면 출간기획서만으로도 출판계약을 맺을 수 있다. 그래서 첫 책이 중요하다.

자신이 하고 싶은 말을 A4용지 한 장에 적어낼 수 있다면 명철한 작가가 될 수 있다. 책 한 권에 너저분하게 쏟아내는 것보다 한 장에 요약할 수 있다면 제대로 알고 있는 것이다. 회사에서도 브리핑할 때 너저분하게 설명하는 것보다 짧고 굵게 1분 안에 자신의 주장을 말할 수 있는 것이 능력이요, 거기에 대해서 잘 알고 있다는 증거다. 따라서 할 수 있다면 출간기획서를 작성해보자. 없는 거 솔직히 까놓고, 할 수 있는 만큼 책의 내용과 컨셉으로 도전해보는 거다.

책을 쓸 때 가장 중요한 것은 타깃독자다. 내 책을 누구에게 보여주고 싶은가에 대한 대답이다. 대한민국 전 국민이라고 생각하면 안 된다. 그건 욕심이다. 내 책을 읽을 독자가 초등학생인지, 대학생인지, 일반인이라면 여자인지 남자인지, 남자라면 연령대가 30대가 타깃인지 40대가 타깃인지 확실히 정해놓고 글을 쓴다. 그래야 글이 잘 써진다. 할 말이 많아진다. 대충 얼버무려 전 국민을 타깃으로 잡으면 글이 안 나온다.

나는 첫 책을 쓸 때 나도 모르게 잠정적인 독자를 '아들'로 삼았다. 아들에게 아버지로서 이야기해주는 것이라 생각했다. 아들에게 필요한 이야기를 해준다고 생각했다. 타깃을 잡고 글을 쓰니까 나도 모르게 해줄 말이 끊이지 않았다. 막힘없이 글을 썼던 것으로 기억한다. 그렇다면 이번 책의 타깃독자는 누구일까? 첫 책을 쓰고자 하는 초짜들이 내 타깃이다. 내가 첫 책을 내면서 경험했던 것, 느꼈던 것을 공유하고자 했다. 물론 전문가들이 이미 출판에 대한 책을 많이 내놓은 상태다. 그럼에도 불구하고 나까지 책을 보탤 필요가 있을까 고민했다. 사실 안 내려고 했다. 그러나 간혹 블로그를 통해 나에게 책을 어떻게 냈는지 물어오는 이웃들이 있었다. 일일이 답해주기도 그래서 책 한 권을 쓰기로 했다. 아무에게도 배운 적 없고, 그저 혼자 좌충우돌 첫 책을 내기 위해 했던 것을 공유하고 싶었다.

다시 출간기획서로 돌아가자. 출간기획서는 쓰는 게 좋다. 그러나 못 쓰겠으면 안 써도 된다. 준비하는 원고가 있다면 한 번 써보기나 하자. 책의 컨셉이 잘 잡힐 것이다. 타깃 독자만 확실히 잡아도 글이 술술 풀린다. 될 수 있으면 타깃독자를 구체적으로 잡는 것이 좋다. 물론 책이야 많이 안 팔릴 수도 있겠지만 그래야 글이 잘 나온다. 그래야 쫄지 않고 쓸 수 있다.

출간기획서는 1Page Proposal입니다. 출판뿐 아니라 모든 분야의 업무에서 필요한 문서가 바로 1P 기획서입니다. '왜 이 기획이 필요한지' '왜 이 기획을 선택해주셔야 하는지' 의사결정권자 앞에서 프레젠테이션한다고 생각하고 잘 만들어야 합니다. 이 작업은 본격적인 프로젝트 진행(책 출간!)에 앞서 기획자가 자신의 업무 및 머릿속을 정리해보는 좋은 계기도 되어줍니다.

사실 쉽지 않은 작업입니다. 자꾸자꾸 써봐도 다음에 작성할 때 또 막막하고 머리 아픈 게 기획서입니다. 기획의도(집필동기)나 원고의 장점은 형식에 맞춘 3~4줄 글보다, 진심이 담긴 차별화된 1줄이 더 임팩트 있을 때가 많습니다.

김우태 작가님이 더블엔에 보내신 출간제안서 내용을 살짝 소개해보겠습니다. (이 책은《소소하게, 독서중독》으로 출간되었습니다)

- **제목: 독서산고(讀書散考) :**
  서른 두 살부터 시작된 마흔 살의 독서 고백록
- **원고의 장점:** 재미있게 봐주시면 감사한데 잘 모르겠다.
- **홍보 아이디어:** 블로그, 제 팬들?
- **요청사항:** 꼭 좀 출판해주세효~ ㅋ

항상 그런 건 아니지만 그리고 모든 편집자가 그런 건 아니지만 저의 경우, 유머코드도 있고 솔직 담백한 작가님의 제안서가 맘에 들었습니다. 마지막 요청사항이 인상적이었다면 너무 단순한 것 같기도 합니다만. (이 형식은 김우태 작가님이 써먹으셨으니 독자 여러분은 조금 다르게 응용해보시길 권해드립니다!)

제목은 대부분 출판사에서 다시 정하는 경우가 많습니다. 저자가 잡은 제목으로 그대로 출간되는 경우는 드문 편입니다. 하지만 책 내용을 모두 표현하면서도 독자들의 마음을 끌어당길 수 있는 솔깃한 제목을 뽑아보는 연습은 꽤 중요합니다.

저자소개는 자신을 홍보하고 자랑할 수 있는 모든 것을 써주시는 게 좋습니다. 독자들이 책의 제목과 표지에 흥미를 가진 후 앞표지를 넘겨 앞날개에 적힌 저자 프로필을 살펴보는 것처럼, 출판사 편집자도 저자가 어떤 분야의 경력을 가진 사람인지 어떤 삶을 살아왔는지 궁금하니까요. 출판사에서는 가끔 저자프로필 내용에 '저자가 왜 이 책을 썼는지' '이 책에는 어떤 내용이 담겨 있는지' 도 요약해주곤 합니다. 궁금증을 유발하여 본문까지 술술 계속 넘겨보시라는 의도에서입니다.

어쨌거나 저자가 작성하는 훌륭한 출간기획서는 그 자체로 책의 편집방향이 되기도 하고 제목 및 카피가 되기도 합니다. 가장 중요한 건, 편집자의 선택을 받고 편집자가 원고를 읽어보고 싶은 욕심이 나도록 유도할 수 있어야 한다는 것입니다.

출판사 이메일 수집하기

나는 자기계발서를 좋아했다. 소설이니 시니 에세이는 내 취향이 아니었다. 역사, 철학, 인문은 더더욱 아니었다. 그러나 자기계발서를 읽으면 기분이 좋았다. 희열까지 느껴졌다. 책이란 이런 거구나, 책 읽는 재미를 알게 해준 분야가 나에게는 '자기계발'이었다. 그래서 언젠가 내가 책을 쓰게 된다면 자기계발서를 쓸 거라고 막연하게 생각했다. 그리고 책을 내기로 결심했을 때도 자기계발서를 쓰기로 했다.

자기계발서를 쓰기로 했으면 자기계발서를 내는 출판사에 노크를 해야 한다. 생뚱맞게 소설 내는 출판사에 원고를 보내면 안 된다. 이런 답변이 돌아온다.

'저희 출판사의 방향과 맞지 않아 반려합니다. 좋은 출판사 만나서 꼭 출판하길 기원하겠습니다.'

처음에 이런 시행착오를 겪었다. 그래서 출판사의 연락처를 알아보기로 했다. 가장 좋은 방법은 내가 읽던 책에서 출판사 이메일을 발췌하는 것이었다. 이메일을 수집해서는 메일 주소록에 정리하였다. 당장 써놓은 원고가 없어도 나중을 생각해서 책을 읽을 때마다 모았다. 그러나 생각보다 다양하지 않았다. 보통 출간되는 곳에서 비슷한 분야의 도서가 또 나왔다. 출판사의 주소를 모으다 보니 어디가 메이저 출판사인지 어디가 중소출판사인지 어디가 1인 출판사인지 자연스럽게 알게 되었다. 확실히 메이저급 출판사에서는 책을 많이 냈다. 1년에 수십 권도 더 출간되었다. 그리고 살펴보니 작가들도 모두 쟁쟁했다. 메이저에서는 웬만해서는 초짜의 원고를 받아주지 않는 것 같았다.

번외로 재미난 이야기 하나 하자. 최근 몇 년 전부터 자기계발서 붐이 일어나면서 수많은 책들이 나오고 있다. 우스갯소리로 자기계발서를 읽어야 할 사람이 자기계발서를 쓰고 있는 지경이라는 얘기도 있다. 꼭 내 얘기를 하는 것만 같다. 그러나 나는 이렇게 생각한다. 책은 읽으라고만 있는 것이 아니다. 책은 내라고 있는 것이다. 읽는 사람이 있으면 쓰는 사람도 있다. 개나 소나 누구나 책을 쓴다고 욕들 하는데, 개나 소나 쓰는 책을 못 쓰는 놈들은 도대체 뭘까? 개나 소만도 못한 놈들 아닐까? 그러니 초짜가 책 쓴다고 욕하지들 말자.

이메일이 없는 출판사들이 종종 있다. 그들은 원고를 어떻게 받을까? 홈페이지 주소가 있는 경우엔 그곳에서 따로 원고를 접수받고 있다. 그리고 책 판권지에 나와 있는 이메일로 편지를 쓰면 이런 답변을 받을 때도 있다.

'원고접수는 abcd@abcd.com으로 보내주십시오. 이 메일주소로는 원고를 받지 않습니다.'

때론 출판사가 망해서 없어지는 경우도 있다. 책을 쓰려거든 메일 주소를 짬짬이 모아놓아야 한다. 그래야 원고가 완성되었을 때 한 번에 쫙~ 풀 수 있다. 그래야 반응이 빨리 온다. 나중에 출판사 주소를 찾아 헤매려면 엄청난 시간과 노력이 필요하다. 그러니 책 읽을 때, 또는 책 쓸 때, 짬짬이 도서관이나 서점에 가서 출판사 주소라도 베껴올 필요가 있다.

나는 서점이나 도서관에 가서 수시로 출판사 이메일을 수집했다. 스마트폰으로 간단하게 메일주소를 찍었다. 책의 제목을 보고, 출판사를 보고, 저자를 보고, 이메일을 수집했다. 요즘은 거의 출판사 이메일이 적혀 있는데, 간혹 안 쓰여 있는 책들도 있다. 도대체 이 출판사에 원고를 보내려면 어떻게 해야 하는가? 부지런한 사람이라면 출판사에 전화를 걸어 메일을 확인하면 된다. 예전에는 육필원고를 우편으로 보냈다. 종잇값에 우편값에 만만치 않았을 것이다. 그러나 요즘은 어떤가? 인터넷이 연결된 컴퓨터만 있으면 된다. 돈이 거의 들지 않는다. 좋은 세상에 태어난 것을 행복해해야 한다.

원고를 쓸 때도 보통 컴퓨터로 쓰니 전기요금만 조금 들어갈 뿐이다. 예전에 소설 《태백산맥》 10권을 필사할 때에는 원고지 값만 수십만 원(원고지 한 권에 600원)이 들었고, 볼펜값도 만만치 않게 들었다. 옛날 사람들은 이렇게 돈 들여 공 들여 힘 들여 글을 썼다. 그러나 요즘은 어떤가? 돈도 안 들고, 손가락으로 자판을 치니 생각의 흐름을 따라잡을 정도로 속도도 빠르다. 원고 나오는 속도가 빨라졌다. 점점 책쓰기 환경이 좋아지고 있다. 아마 나중에는 음성을 문자로 변환시켜주는 프로그램으로 책쓰는 사람들이 나올 것이다.

외국에는 출판에이전시가 활성화되어 있다. 이들이 하는 역할은 작가와 출판사를 연결해주는 것이다. 즉, 저자는 글만 쓰면 된다. 출판사는 이들이 알아서 찾고 연결해준다. 대신 돈이 조금 더 든다. 그럼에도 불구하고 작가들은 직접 출판사에 노크하지 않고 이들을 이용한다. 왜? 편하기 때문이다. 글쓰는 데만 집중하면 되기 때문이다. 원고 들고서 출판사 이곳저곳을 노크하는 일은 정말 고역이다. 그리고 한 번에 오케이 사인을 받지도 못한다. 심하면 인격모독도 당하기 일쑤다. 그런 거 안 당하고 알아서 해주니까 이 얼마나 좋은 시스템인가. 한국에도 조금씩 생겨나는 거 같은데 나는 찬성한다. 더 많이 생겼으면 좋겠다. 에이전시가 작가도 직접 관리해주고, 글을 쓸 수 있는 환경도 보장해주고, 가요계의 YG처럼 대형 에이전시가 나와 글쓰는 작가들에게 힘이 되어주었으면 한다. 내가 나중에 책 많이 팔아 돈 많이 벌면 꼭 차려서 많은 작가지망생들에게 도움이 되고 싶다.

출판사를 안 알아봐도 되는 경우도 있다. ○○○사단에 들어가면 된다. 유명한 작가의 밑에 들어가서 글쓰는 법을 배우다 보면 그 유명작가가 출판사를 소개해준다. 보통 유명 작가는 이런 식으로 출판사와 계약을 하곤 한다.

"내 책을 출판계약할 때 내가 추천하는 사람의 책도 같이 계약해주어라."

유명한 작가이기에 가능한 거다. 웬만한 출판사는 보통 그렇게 계약한다. 그 덕에 유명 작가의 제자는 보다 쉽게 책을 낼 수 있다. 정말 책을 내고 싶어서 환장했다면 이런 방법도 있으니 해봐라. 어떤 식으로든 내면 좋은 거다. 뭐든 수단과 방법을 써서 책을 내보자. 그러나 나는 이런 식으로 책을 내지 않았다. 당시에는 이런 방식을 알지도 못했지만, 알아도 하지 않았을 것이다. 만약 했더라면 이 책을 못 쓸 거니까. 나는 진짜 맨땅에 헤딩하면서 책을 썼다.

출판사에는 투고원고가 많이 들어옵니다. 어떤 날에는 책쓰기 아카데미 수강생들의 원고작업이 완료되었구나, 눈치챌 수 있을 정도로 비슷한 포맷의 원고가 한꺼번에 들어오기도 합니다. 눈코 뜰 새 없이 바쁜 편집자가 이 원고를 꼭 검토해보고 싶은 생각이 들도록 메일 제목, 출간기획서를 작성해보시기 바랍니다.

편집자는 멋진 원고를 처음 읽어볼 수 있는 특권을 갖고 있습니다. 이 문장에서 포인트는 어디일까요? 눈치채셨나요? '멋진'입니다. 멋.진. 원.고.여야 합니다. 편집자가 재미있게 흥미롭게 읽을 수 있는 원고여야 책 출간으로 이어질 확률이 높아집니다.

제가 만들고 싶은 책은, 재미도 있고 (비슷한 주제의 다른 책들과) 차별성도 있어야 하고 홍보할 독특한 컨셉도 있어야 합니다. 저는 여기서 '재미'를 가장 우선시합니다. 기본적으로 저자분의 글솜씨가 좀 있어야겠구요. 일반적인 보통의 주제도 맛깔스럽게 표현해낼 줄 아셔야겠습니다. 악!!! 어려울 것 같으시죠? 괜찮습니다. 김우태 작가님 말씀처럼 많이 읽고, 자신과 맞는 성향의 (좋아하는) 작가의 글을 필사하는 것도 좋은 방법입니다. 알게 모르게 닮아가고 몸에 붙기 마련이니까요. 재미가 있으면, 편집자가 홍보카피도 찾아내고 차별화 포인트도 찾아냅니다.

A 출판사 편집자에게 퇴짜를 맞았지만 B 출판사 편집자에게 러브콜을 받을 수도 있습니다. 출판사마다 저마다의 색깔이 있는데, 주로 사장님 성향이거나 담당 편집자 성향입니다. 다행인 건 시기적인 호재나 운빨이 작용하는 경우도 제법 있으니, 너무 겁먹을 필요는 없습니다.

대형 출판사나 중소형 규모의 출판사는 투고원고 검토에 여력이 없을 수도 있고 관심이 없을 수도 있습니다. 제가 예전에 근무했던 중소 규모의 출판사에서도 많아야 1년에 1~2건의 투고원고가 출간으로 이어졌답니다. 그에 비해 요즘 늘어나고 있는 1인 출판사를 비롯한 소규모 출판사에서는 투고원고에 대해 긍정적으로 (상대적으로) 빠르게 검토할 수 있는 여건을 갖추고 있다고 할 수 있습니다. 첫 책 출간하기 좋아진 시대입니다.

필요하면서도 아주 중요한 일 중 하나는, 내가 출간하고자 하는 책의 성향과 잘 맞을 것 같은 출판사를 미리 리스트업 해두는 것입니다. 출판사마다 어떤 책을 위주로 내는지 검색해서 정리해두는 일은 아주 유용합니다. 내가 쓴 원고의 카테고리가 육아서인지 여행서인지 자기계발서인지 인문서인지, 이 책의 유사도서 또는 경쟁도서가 나온 출판사는 어디인지 집중요약해서 투고하시기를 권해드립니다.

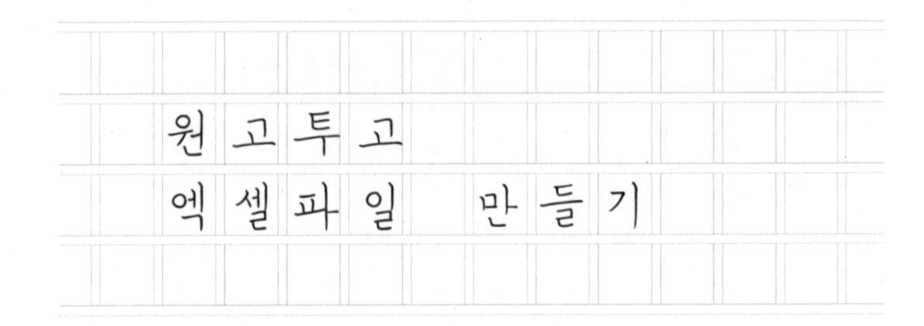

내가 원고를 투고한 출판사 수를 정확히 기억할 수 있는 것은 기록해놓았기 때문이다. 기록한 이유는 하나였다. 중첩해서 원고를 보내지 않기 위해서였다. 초짜의 원고를 어느 출판사가 봐주겠는가.

나는 책을 읽으면서 출판사의 이메일 주소를 수집했다. 자기계발서를 출간한 출판사의 주소를 모았다. 그렇게 모아놓은 이메일 주소로 내 원고를 날렸다. 마구 날렸다. 읽어주든 말든 일단 돌렸다. 이건 마치 치킨집 알바할 때 찌라시 돌리는 기분이었다. 보통 찌라시를 돌렸을 때 반응전화가 오는 확률은 5% 정도라고 한다. 100장 돌리면 배달 주문이 5통 오는 것이다. 그런 기분으로 나의 원고를 돌렸다. 그런데 출판사들의 반응은 찌라시처럼 빨리 오지 않는다. 왜냐면 원고를 읽고 검토할 시간이 필요하기 때문이다. 보통 2주 정도 걸린다. 따라서 원고를 보낸 출판사에 또 보내는 실수를 방지하고자 출판사 이름과 보낸 날짜, 답변 온 날짜를 기록하였다.

번호	출판사 명단	보낸 날	결과
1	가나출판사	06월 16일	
2	갈매나무	06월 16일	
3	갤리온(웅진출판계열)	06월 14일	X
4	걷는나무(웅진출판계열)	06월 15일	
5	경향미디어	06월 16일	
6	국일	06월 05일	
7	글길나루	06월 14일	
8	글로세움	06월 17일	
9	금토	06월 14일	
10	길벗	06월 23일	
11	김영사	06월 14일	X
12	끌리는책	06월 19일	X

115곳 중 나에게 답변을 보내준 출판사는 26곳이었다. 비율로 따지면, 22.6%였다. 나머지는 답변조차 없었다. 경험상 답변이 오는 출판사가 좋은 출판사다. 답변은 보통 이런 식으로 온다.

"보내주신 내용은 내부회의에서 출간 여부를 논의하였습니다. 그러나 아쉽게도 본 원고는 저희 출판사의 색깔이나 방향과는 맞지 않아 출간이 어렵다는 답변을 드리게 되었습니다."

표현은 정중하지만 내용은 거절이다. 그렇더라도 이런 식으로 답메일을 주는 회사는 좋은 출판사다. 이런 답메일을 계속 받게 되면 엄청난 스트레스가 쌓이며 출간을 포기하고 싶은 마음이 들지만, 그걸 이겨내야 한다. 그냥 당연한 것으로 생각해야 한다. '내 그럴 줄 알았어. 크크크' 이 정도 반응이 좋다.

그러다 보면 이런 메일을 받게 된다.

"선생님의 옥고를 잘 받아보았습니다. 일단 통화를 하고 싶습니다. 연락 바랍니다."

그러나 너무 기뻐하지 말자. 그냥 통화하자는 거다. 합격이 아니다. 통화를 길게 해봐도 결국 계약으로 이어지지 않는 경우도 많다. 괜한 호들갑을 떨지 말자.

우리가 기다리는 메일은 이렇게 온다.

"선생님의 원고를 처음부터 끝까지 검토하였습니다. 선생님께서 괜찮으시다면 저희 출판사에서 책을 멋지게 만들어보고 싶습니다. 연락 기다리겠습니다."

이런 메일이어야 바로 계약서를 작성하게 된다. 저런 메일에 답변을 보내면 이렇게 온다.

"계약서를 첨부하였으니 검토 바랍니다."

이렇게 착착 진행이 되어야 책이 나올 수 있다. 통화만 길게 끈다든지, 될 듯 될 듯 메일만 주고받으면 결국 파투난다. 그리고 만나서 또는 우편으로 계약서를 서로 주고받으면 진짜 출판계약이 이루어진다. 그리고 몇 달이 지나면 자신의 이름 석 자가 박힌 책이 나오게 된다. 물론 원고의 수정, 퇴고로 인해 교정지나 교정 파일이 몇 번 왔다갔다 하는 과정이 있어야 한다.

나는 당시 115곳의 출판사에 노크를 하면서 나만의 원칙을 정했다. '내 원고에 제일 먼저 반응을 보인 곳과 계약한다.' 원고를 보내고 총 두 곳에서 연락이 왔다. 계약하자는 거였다. 원칙대로 나는 제일 먼저 반응을 보여준 출판사와 계약을 맺었다. 두 번째로 연락 온 출판사는 첫 번째보다 규모가 큰 회사였다. 누구나 알 만한 대형출판사였지만, 나는 나만의 원칙대로 나를 제일 먼저 알아봐준 출판사와 계약을 했다.

투고원고를 확인하다 보면, 정성들여 한 문장 한 문장 쓰셨구나 하는 느낌이 드는 메일이 있는가 하면 단체메일 받는 듯한 느낌이 드는 메일도 있습니다. 당연히 단체메일이어도 상관은 없습니다만, '받는사람' 란에 다른 출판사 담당자 이메일 주소가 쭈욱~ 뜨게 하는 건 성의가 조금 없어 보입니다. 보내기 버튼을 누르시기 전에 메일 창 하단에 '한사람씩 보내기' 칸을 클릭해서 반드시 하나씩 보내시기를 권해드립니다. 또 하나. 김우태 작가님도 말씀하셨듯, 출간성향이 비슷한 출판사에 보내는 게 좋고, 왜 '이 출판사'에서 내고 싶은지를 밝혀주면 더 좋습니다. (좀 어려운 부분이지만, 다른 투고원고에 비해 확실히 더 눈에 띕니다!) 입사면접과 비슷하다고 생각하시면 쉽습니다. 나에게 일이 절실히 필요하다,를 어필하는 사람보다는 내가 왜 이 회사에 꼭 들어오고 싶은지, 내가 이 회사에서 어떤 일을 잘할 수 있을 것 같은지를 말하는 사람에게 시선이 한번 더 가는 것과 같은 이치입니다.

저는 원고를 보내시는 분들이 더블엔의 어떤 책을 보시고 메일을 보내시는지 참 궁금합니다. 출간된 우리 책을 읽어보고 보내신 걸까… 그냥 메일주소만 수집하신 걸까….

참고로, 더블엔은 여행에세이를 주로 출간합니다. 여행서는 가이드 분야가 시장규모도 더 크고 돈이 되지만 에세이 만드는 재미에 푹 빠져버렸습니다. 편집하며 함께 여행하는 느낌이 좋아서 여행에세이는 앞으로도 계속 만들 것 같습니다. 더블엔은 자기계발서와 육아서도 출간하고 있습니다. 편집장의 관심사입니다. 제법 투고가 들어오는데, 일일이 답변을 다 못해드려서 이 지면을 빌어 죄송하다는 말씀을 올립니다.^^

또 하나. 피가 되고 살이 되는 내용까지는 아니지만 첫 책을 낸 후 두 번째 세 번째 책을 발간하실 때 고민을 좀 해보실 만한 사항입니다. 책을 낼 때마다 출판사가 바뀌는 저자는 뭔가 까다롭거나 문제가 있지 않나 하는 인상을 줄 수 있습니다. 지난 번 책을 낸 출판사에서는 왜 이 원고를 탐을 안 냈을까 하는 생각도 들게 하구요. 물론 저자나 출판사 누구에게 문제가 있어서가 아니라 성향이 좀 안 맞아서, 이번에는 분야가 달라져서, 편집자가 출판사를 옮겨서 등등 이유는 다양합니다. 처음에는 작은 출판사에서 책을 냈지만 점점 규모가 크고 홍보도 잘해주는 출판사로 옮겨갈 수 있는 것도 능력입니다. 출판사나 저자 모두에게 윈윈이 되는 상황이라면 더욱 바람직하구요. 중요한 건, 그런 과정을 거쳐 잘 맞는 출판사 또는 편집자를 만나 꾸준하게 책을 낼 수 있도록 계속 성장하는 모습이라 생각합니다.

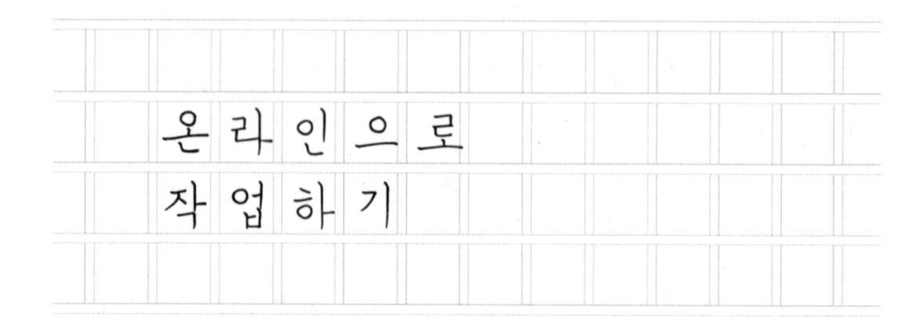

원고를 이메일로 보내고 연락도 이메일로 받았다. 만나서 얘기하자는 메일이었으나, 나는 지방에 산다고 하여 만남이 무산되었다. 그리고 줄곧 이메일로만 주고받으며 원고를 진행하였다. 약 3번의 원고 수정, 교환이 이루어지는 과정에서 전화를 한 번도 하지 않은 걸로 기억한다. 사실 전화할 필요가 없었다. 이메일로도 충분히 가능했으니까. 그래서 나는 출판사가 어디에 있는지, 나의 원고를 받아주신 고마운 편집자님의 얼굴을 아직도 모른다. 출판사 주소야 원고를 주고받으면서 대충 어디에 있는지 알지만 가보지 않았으니 잘 모르는 거다.

2015년 6월 원고투고를 하고 나서, 그달 출판계약을 맺었다. 그러고 나서 원고 수정과 편집을 거쳐 12월에 책이 출간되었다. 이 기간 동안 단 한 번도 전화통화를 하지 않았다. 내가 아는 작가들도 이런 식으로 출판을 많이 하였다. 출판사를 찾아가지도 않고, 편집자와 만나지도 않고 책을 출간한다. 공통점은 모두 지방에 산다는 것이다. 만약 수도권에 산다면 아마도 편집자와 만

나서 이런저런 이야기를 나누었을 것이다. 사람 만나는 것이 부담스럽다면 나처럼 지방에 살아도 된다. 책이 나오기 직전인가 직후인가 우연히 편집자와 통화한 적이 있었다. 내가 잘못 눌러서 우연히 통화된 거였다. 만약 그런 실수가 없었더라면 아직도 편집자님의 목소리를 듣지 못했을 것이다.

출판계약을 맺었다고 해서 책이 뚝딱 만들어지는 것은 아니다. 나의 경우 초고를 쓸 때보다 퇴고의 시간이 더 걸렸다. 물론 크게 바뀐 것은 없지만 진행이 더뎠다. 보통 6개월을 잡으면 될 것 같다. 첫 책을 쓰는 우리에게는 직접 만져볼 수 있는 책을 갖기까지 꽤 시간이 걸리니 진득하게 기다려야 할 것이다.

지금 와서 생각해보면, 편집자와 만나서 이야기를 나누었더라면 좀 더 멋지게 책을 꾸밀 수 있었을 거라 생각된다. 서로의 의견 차이를 좁혀서 책을 낼 수 있고, 편집자가 원하는 것이 무엇인지 보다 정확하게 알 수 있었을 것이다. 편집자께서 나에게 요구했던 수많은 사항들을 문서로만 이해하려니 사실 조금 부족했던 것이 사실이다. 만약 직접 대면해서 원고를 수정하고 편집했더라면 보다 빨리 책을 만나볼 수 있지 않았을까 생각해본다.

인터넷과 이메일 덕분에 지구 반대편에서도 책을 낼 수 있는 세상이다. 좋은 원고만 있으면 미국에 살고 있어도 한국에서 책을 낼 수 있다. 이 얼마나 편한 세상인가. 과거엔 어땠는가? 손으로 원고를 써서 한 뭉치 가지고 출판사에 찾아가서 원고를 제출해야 했다. 아니면 원고를 복사해서 우편으로 보내야 했다. 돈과 시간이 이만저만 드는 게 아니었다. 더군다나 첫 책을 내려는 사람에게는 이 얼마나 무모한 도전처럼 보이는가. 어느 정도 인지도가 있는 작가야 출판사와 대충 구두로 해서 책을 내고 계약서를 쓰면 되지만, 초짜들에게는 언감생심이다.

그러나 세상이 좋아졌다. 그래서 첫 책 내기가 더 쉬워졌다. 돈도 들지 않는다. 원고를 직접 싸들고 다닐 필요도 없다. 출판사에 찾아가 사정할 필요도 없다. 이메일만 알아서 뚝딱뚝딱 원고를 뿌리다 보면 하나 얻어걸린다. 우스갯소리로 호구 출판사(편집자님, 이런 표현 정말 죄송합니다) 하나 물면 책을 내는 작가가 되는 거다. 책 내기 좋은 세상에 태어난 만큼 즐기자. 누리자.

얼굴을 대하지 않고 퇴고작업을 했다. 퇴고작업을 할 때에는 출판사에서 교정지를 프린트해서 보내주었다. 화면(보통 pdf 파일)으로 교정보는 것과 종이 교정지로 보는 건 차이가 있다고 말씀하셨다. 실제 책으로 나오기 직전 상태인 종이 교정지를 들고 퇴고를 하였다. 교정을 보다가 고칠 부분을 체크해서 출판사에 보내면, 출판사에서는 그걸 수정해서 다시 나에게 보내주는 식으로 작업이 진행되었다. 세 번쯤 그런 작업이 이루어진 후 책이 출간되었다.

출판계약을 맺고 책이 출간되기까지 긴 시간이 소요된다. 참

지루하다. 얼른얼른해서 책을 빨리 냈으면 싶은데 그 6개월이란 시간이 참으로 더디게 느껴졌다. 사실 마음이 급했다. 빨리 퇴고하고 빨리 책을 만져보고 싶었다. 그래서 솔직하게 고백하건대 대충 퇴고했다. 그 덕에 오타가 있는 채로 책이 출판되었다. 편집자님도 놓쳤는지 아무튼 그랬다.

책의 판권지에 적힌 출판일은 2015년 12월 21일이지만 실제 서점에 배포된 것은 11월 말부터였다. 저자 증정 도서 30권을 받았다. 소포를 받고나서야 실감이 났다. '이제 정말 책으로 나왔구나. 이 책이 서점에 깔리는 거구나. 내 이름 석 자가 박힌 책이구나.' 기분이 참 좋았다. 인터넷으로 검색을 하면 내 책이 검색되었다. 김우태, 라고 검색해도 책이 노출되었고, 책 제목으로 검색해도 보였다.

책이 나오고 나만의 계획이 하나 있었다. 책이 잘 팔려서 출판사에서 2쇄를 찍겠다는 연락이 왔을 때 직접 출판사를 찾아가 편집자님을 뵙고 식사를 대접하는 꿈이었다. 제 원고를 선택해주셔서 고맙다는 말을 전해드리고 싶었다. 책이 잘 팔리니 고맙다는 출판사측의 말도 듣고 싶었다. 그러나 2쇄 찍자는 연락이 없는 것으로 봐서 책이 잘 팔리지는 않는 거 같다. 그게 미안하다. 정말 멋지게 식사대접 해드리고 싶었는데 안타깝다.

책이 출간되고 얼마 안 있어 내 책과 정말 비슷한 컨셉의 책이 나왔다. 《아주 작은 반복의 힘》이라는 책이었다. 내 책이 나오고 약 4개월 후에 나온 책이다. 그러나 이 책은 빅히트를 쳤다. 베스트셀러 상위권에 속했다. 외국 사람이 쓴 책인데 잘 팔렸다. '내 책이 더 재밌는데, 왜 사람들은 내 책을 안 봐줄까?' 마음이 아팠다. 앞으로 더 잘 써서 잘 읽히는 책을 쓰겠다고 결심했다. '그래, 첫 책으로 욕심내지 말자. 일단 첫 책이 나온 게 어디냐. 그걸로 만족하자' 라고 생각했지만, 편집자님과 출판사를 생각하면 아직도 미안한 마음뿐이다.

'만나서 얼굴보며 이야기하는' 행위가 가진 힘은 생각보다 셉니다. 이메일로 일을 주고받고 전화통화를 하며 일을 하는 것도 업무가 진행되는데 별 무리는 없지만, 얼굴 한번 보고 인사를 나눈 후 작업을 진행하면 마음가짐이 조금 달라진다고 할까요, 그런 게 있는 것 같습니다. 더블엔 저자분들은 지방에 계신 분들이 많습니다. 요즘은 원고작성(한글프로그램 및 워드문서)이나 교정지 발송(pdf 파일로 전송) 인세정산(인터넷뱅킹) 등 모두가 웹으로 전산으로 가능해진 시대라, 사실 옛날에 비해 업무공정 뿐 아니라 속도도 무지 빨라졌습니다. 계약을 할 때만이라도 꼭 저자분의 얼굴을 뵈어야 한다는 제 원칙은 금세 깨지고 말았습니다. 정말 전화통화와 우편, 이메일로 일을 진행하며 얼굴 한번 안 뵌 저자분들이 몇 분 계십니다.

저는 작업공정이 좀 복잡하거나 저자분이 요구하는 사항이 까다로운 부분이 많으면, 북디자이너와 저자가 함께 만나는 자리를 마련합니다. 편집자는 업무상 중간전달자 역할도 많이 합니다. 최종적으로는 저자와 독자 사이의 전달자이지만 세부적으로 보면 저자와 디자이너, 저자와 영업자(마케터) 사이의 전달도 잘

해야 합니다. 서로의 의도가 잘못 전달되거나 왜곡되지 않도록, 어쩌면 제가 좀 수월하게 일을 하기 위한 방편이라고도 하겠습니다. 저자가 책에서 중요하게 생각하는 부분이 무엇인지, 독자에게 전하고자 하는 메시지를 어떻게 표현하고 싶어하는지를 디자이너가 직접 저자에게 얘기를 들어보면 일이 수월하게 진행되기도 합니다. 저자 또한 마찬가지입니다. 한글에서 원고작성할 때와 달리 책으로 인쇄되어 나오기 전의 디자인 작업이 어떻게 이루어지는지 대략 알고 가면 편합니다.

저자가 편집자를 많이 괴롭히면 책의 완성도(?)는 더 높아집니다. 더 고민하게 되는 게 사실이니까요. 책을 만드는 데 있어 편집자의 역할이 중요하긴 하지만, 책의 지은이는 저자라는 사실을 잊지 않으셨으면 합니다. 문장 하나 단어 하나 바꾸고 고치는 부분에 있어 편집자는 고민을 많이 합니다. 뜻이 달라지지 않는 범위에서 전달이 잘 되는 단어로 바꾸고, 가능하면 영문이나 한문단어는 우리말로 바꿔주고, 긴 문장은 잘라주기도 합니다. 이런 과정에서 저자의 의도가 달라졌거나 의미전달이 모호해졌다면 바로 수정을 요구하셔야 합니다. 편집자에게 너무 다 맡기지 마시길요. 좀 깐깐한 저자가 되시는 것도 좋습니다.

이번 글도 '편집장의 원고선택'과는 좀 무관한 내용으로 흘렀는데요. 글을 쓰시며, 책 출간 준비를 하시며, 한번 쉬어가며 생각해보시기 좋은 주제라고 생각하며 써보았습니다.^^

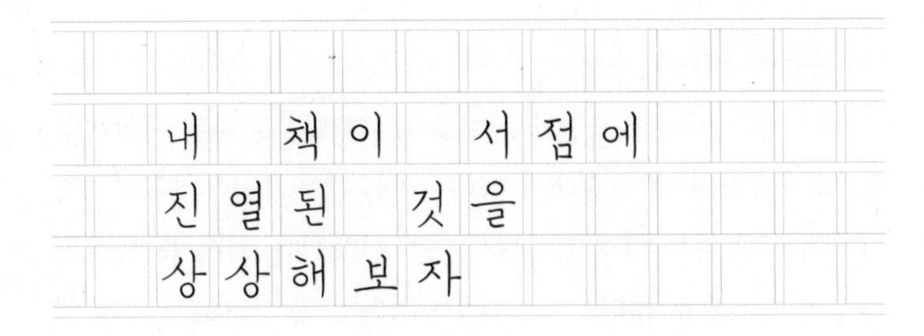

내 책이 서점에 떡하니 놓여 있는 모습을 많이도 그렸다. 서점에 가면 책이 참 많다. '이 많은 책 중에 내 책 한 권이 없구나' 하는 생각이 들자 정말 책을 쓰고 싶어졌다. '저기 저렇게 많은 책 중에 단 한 권이라도 내 책이 있었으면 좋겠다' 싶었다. 항시 그것을 꿈꿨다. 내 책이 서점에 진열되어 있는 모습을 그렸다.

그러길 8년. 시간이 지나자 정말 책이 나왔다. 늘 상상했던 그대로 내 책은 서점에 진열되었다. 정말 황홀했다. 책이 나오고 나서 가족들과 서점으로 향했다. 내가 사는 곳은 시골이라 대형서점이 없다. 청주로 갔다. 큰 서점을 배회하며 내 책이 어디 있을까 이곳저곳 두리번거렸다. 자기계발서니까 그쪽에 있겠지. 나는 조심스레 발걸음을 옮겼다. 정말 내 책이 놓여 있을까? 찾았다. 내 책이 새로 나온 책 코너 평대에 놓여 있었다. 유명 작가들과 어깨를 나란히 하며 나의 책이 떡하니 누워 있었다. 그토록 기다리고 기다리던 일이 벌어진 것이다. 꿈은 이루어진다는 말은 이상하게도 맞는 거 같다. 간절히 원하는 일은 이상하게도 이루어지는 거 같다.

나는 2015년 12월 21일에 작가로 데뷔했다. 내 나이 40살이었다. 대학 1학년 때 학교에서 다이어리를 나눠주었다. 나는 그곳에 무심하게 나의 미래에 대해서 쓰기 시작했다. 글을 쓸 때 그저 행복한 기분으로 썼다. 그게 이루어지든 말든 상관없이 그저 행복한 기분만을 느꼈다.

나만을 사랑해주는 아내
40살에 에쿠스 탄다

이게 다였다. 그렇게 썼고, 잊고 있었다. 31살에 결혼을 하였다. 정말 나만을 사랑해주는 착한 아내였다. 아내 덕에 나는 책을 읽을 수 있었고, 책을 쓸 수 있었다. 어머니가 나를 태어나게 해주신 분이라면, 아내는 나를 잘 다듬어준 은인이었다. 나는 결혼 후 다시 태어났다. 아내가 정말 나만을 너무도 사랑해주었기에 나는 아내에게 이런 말을 했었다.

"진짜 쓰면 이루어지나 봐. 예전에 내가 대학시절에 다이어리에 쓴 글이 생각나네?"

그렇다면, 정말 40살에 에쿠스를 탈 수 있을까? 궁금해졌다. 나는 40살에 작가가 되었다. 나는 뚜렷한 목표의식을 갖고 살지 않았다. 꿈 없는 청춘이었다. 그러다가 결혼하고 책을 읽고 꿈을 가졌고, 꿈을 이루었고, 지금은 더 큰 꿈을 꾸고 그 꿈을 이루는 과정에 있다. 책을 읽으면 꿈이 생겨난다. 내 꿈은 책쓰기였다. 결국 40살에 내 꿈을 이룰 수 있었다. '40살에 에쿠스 탄다'라는 말은 내가 '40살에 책을 낸다'라는 말과 같은 의미라고 생각된다.

내가 무심히 써놨던 것들이 전부 이루어졌다. 이것은 '쓰기의 마력'이다. 수많은 책들이 쓰기의 힘에 대해서 말하고 있다. 직접 체험을 해본 사람들만이 이 힘을 느낄 수 있다. 그저 행복감에 젖어 써놓기만 해보자. 이루어진다. 책쓰기의 꿈이 있다면 책을 내는 것을 상상하고 글로 써보자. 된다.

글을 쓴다는 것은 긴 시간이 필요한 작업이다. 하루아침에 뚝딱 나오지 않는다. 좀 끈질겨야 한다. 끈기가 없으면 못 하는 게 책쓰기다. 진도도 빨리 나가지 않고, 어쨌든 한 자 한 자 꾹꾹 자판을 두드려야지만 나오는 것이다. 우보천리(牛步千里), 마부작침(磨斧作針)의 마음가짐이 없이는 책을 쓸 수 없다. 그래서 시간이 지나면 초심을 잃기 쉽다. 또한 낙담하기 쉽다. 이것을 이겨내야 한다. 그래야 책이 나온다.

초심을 잃었을 때 책을 쓰겠다는 각오의 글을 읽으면서 다시 마음을 잡는다. 진척이 없어 보이고 지루해질 때 다시 각오하는 거다. 내 책이 서점에 진열되어 있는 모습을 상상해보는 거다. 내 책을 독자들이 보고 있는 모습을 꿈꾸는 거다. 책을 내서 팬 사인회를 하는 모습도 그려보는 거다. 작가님, 선생님이라고 불리는 모습을 상상하는 거다. 출판사에서 걸려온 "책이 대박이 났다는 전화를 받는 모습을 그리는 거다. 그리고 행복감에 젖어 미소를 짓는다. 이런 일련의 행위들을 하면서 초심을 지켜보자. 분명 중간에 포기의 마음이 강하게 들 것이다. 이것을 이겨내느냐 못 이겨내느냐에 따라 출판 여부가 결정된다. 책을 쓰는 사람은 대단하지 않다. 그저 끝까지 글을 썼기에 가능한 거다. 끝까지 쓰기만 하면 된다. A4 100쪽만 채우면 된다. 그러면 책이 나온다.

우리는 세상을 살면서 성공도 하고 실패도 한다. 성공했을 때는 끝까지 했을 때다. 끝까지 가면 된다. 도중에 힘 빠지고 지치면 책 내고 환하게 웃는 자신의 모습을 떠올리며 행복감에 젖어보자. 물론 진척이 느리다. 거북이 발걸음처럼 더디다. 그럼에도 불구하고 조금씩 가는 거다. 많은 사람들이 그걸 못해서 책을 못 낸다. 모든 사람은 책을 쓸 수 있는 능력이 있다. 내가 글을 잘 쓰는가? 화려한 경력이 있는가? 없다. 내가 책을 낼 수 있는 이유는 단 하나다. 끝까지 썼다는 것뿐이다. 그거면 책을 낼 수 있다.

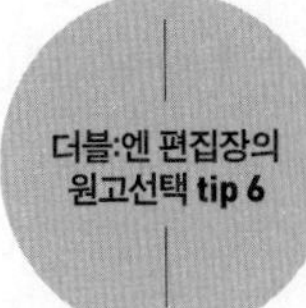

홍보에 관한 이야기를 빠뜨릴 수 없습니다. 책이 나온 걸 알려야죠. 저자의 지인들과 출판사 관계자들 외에 일반 독자들에게 알려야 합니다. 이렇게 좋은 책이 나온 걸 모르게 해서는 안 됩니다. 신간이 나오면 서점에서는 책을 많이 팔기 위해서 당연히 진열을 하고 노출을 합니다. 문제는 하루에도 신간이 너무 많이 쏟아져 나온다는 사실입니다. 베스트셀러나 유명저자의 도서 또는 대형 출판사 책만 팔아도 대형서점은 돈을 법니다. 진열을 해주는 공간을 팔아서도 돈을 벌고 경쟁을 유도해 광고도 하게 합니다. 돈이 드는 영업과 홍보는 작은 출판사가 하기 힘듭니다. 천만원을 투자해 2천만원을 벌면 참 좋겠지만, 천만원을 투자해 500만원만 벌면 저자 인세는 뭘로 드리고 지업사 인쇄소 결제는 어떻게 하나요? 어렵습니다. 우리 일반 작은 출판사와 첫 책을 출간한 저자는 가급적 돈 들이지 않고 홍보하고 자랑하고 알리는 다양한 방법들을 생각해야 합니다.

책이 나오기 전부터 자신이 운영하는 블로그 및 SNS 등 여러 매체를 활용하여 출간 예고를 하고 소소한 이벤트도 준비하는 게 좋습니다. 도서정가제가 시행되면서 엄청난 할인과 거대한 선물 증정 이벤트가 정리가 되어 저 개인적으로는 작은 출판사에 다행이라고 생각합니다. 공룡들과 경쟁하기엔 출혈이 너무 컸거든요.

어쨌든, 책이 나오기 전후에 출판사와 저자가 함께 홍보를 준비해야 합니다. 그런 노력을 보여주셔야 하구요. 책 나온 기쁨에 젖어 아무것도 안 하고 있다가는 금세 서가에 꽂히고 아무 데서도 찾아보기 힘든 책이 되고 맙니다. 출판사마다 기간은 다르지만, 책 한 권이 나오면 곧 다음 책 준비로 넘어갑니다. 출판사에서 홍보에 공을 들이는 기간은 길어야 2~3개월이라고 보시면 됩니다. 신간 노출 기간이 길어야 한 달 정도이니, 사실 한 달간 계속 홍보에 매진하는 것도 그리 쉬운 일은 아닙니다. 출판사에서 홍보에 좀 느슨해더라도 저자는 계속 홍보방법에 대해 고민하시면 좋겠습니다. 생애 첫! 책이잖아요~. 처음 집필할 때부터 누가 누구에게 선물하면 좋은 책, 으로 컨셉을 잡고 진행하는 것도 좋은 방법입니다.

책에는 판권지라고 해서 펴낸이 지은이 펴낸 날짜 출판사 정보 등이 나오는 페이지가 있는데, 이때 발행일을 실제 출간일보다 좀 넉넉하게 잡습니다. 한 달 후로 잡기도 하죠. 왜 이렇게 하는지 많은 분들이 궁금해하시는데, (모든 서점이 다 그렇게 잡아주는 건 아니지만) 신간 코너에 좀 더 오래 있고 싶어서랍니다.

될 때까지 투고한다

내 원고를 믿고 받아줄 출판사를 찾기가 쉽지는 않다. 내용이 참신하든지, 독자를 끌어들일 만한 것이 없으면 출판사는 절대로 책을 내주지 않는다. 아마 아버지가 출판사 사장이라도 쉽게 아들 책을 내주지 않을 것이다. 출판사가 책을 내는 기준은 딱 하나다.

돈이 되는가? 돈이 안 되면 출판사는 거절한다. 물론 사장의 마인드가 특이한 경우는 다르다. 책의 가치만 놓고 출판하는 사장도 있으니 말이다. 그러나 대부분의 출판사는 절대로 돈이 되지 않는 책을 내주지 않는다. 아무것도 없는 초짜를 뭘 믿고 책을 내주겠는가.

그럼에도 불구하고 우리는 첫 책을 내야만 한다. 낼 수 있다. 나도 냈으니 당신도 낼 수 있다. 내가 어릴 적부터 책을 많이 읽던 문학소년이었던가? 내가 글을 써서 어디 가서 상이라도 받은 적이 있었던가? 내가 글을 잘 쓴다고 그 어느 누가 말을 해주었던가? 책과 담을 쌓고 지내던 나도 책을 냈다. 그러므로 독자 여러

분도 낼 수 있다. 끈기만 있으면 된다.

나는 원고를 쓰고 출판사에 넘길 때 각오를 했었다. 100곳에 내서 안 되면 포기하자. 그렇게 마음먹었다. 수많은 거절의 메일을 받으면서 내상을 입고 있는 터였다. '정말 나는 안 되는가. 정말 책 내기 힘드네.' 그러던 중 용기를 주는 문구를 발견하게 되었다.

> KFC의 창업주, 커넬 샌더스. 살면서 수많은 실패를 겪어온 그는 다시 한 번 도전해보겠다는 굳은 결의로 육십대 중반의 나이에 자신이 개발한 치킨 조리법을 갖고 동업자를 찾아다녔으나 무려 1,008번이나 거절을 당했다고 한다. 그리고 1,009번째에 드디어 자신의 조리법을 사겠다는 동업자를 만난 샌더스. 당시 그의 나이, 예순일곱이었다.
>
> -《준비된 우연》 필립 코틀러 외, 다산북스

무려 1,008번의 거절을 이겨낸 사람이 있었다. KFC창업주 흰머리의 할아버지였다. 100곳에서 안 받아주면 포기하겠다는 나의 마음은 온데간데없어졌다. '그래, 나도 1,008번까지 해보고 안 되면 만다' 라고 결심하게 되었다. 사실 1,000번 넘게 한다는 것은 될 때까지 한다는 뜻이다. 1,000곳의 출판사를 알아내기도 힘들다. 자기계발서를 취급하는 출판사가 우리나라에서 1,000곳이 될까? 하여튼 나는 커넬 샌더스만큼 해보고 안 되면 포기하기로 했다. 그리고 원고를 돌렸다.

그러던 것이 115번 만에 출판계약을 맺게 되었다. 1,000번을 각오하고 덤볐는데 고작 115번에서 될 줄이야. 목표를 높게 잡으니 너무 싱거웠다. 지금 유명한 이지성 작가도 엄청나게 많이 거절을 당했다고 한다. 거절뿐만 아니라 작가로서 성공하지 못할 것이라는 얘기도 들었다. 그랬던 그가 지금 어떤가? 자기계발서 저자로 성공했다. 다 이런 과정을 겪는 거다. 그러니 힘내고 1,008번 도전해보자.

원고를 쓰는 것도 힘들지만 원고를 출판사에 돌리는 것이 더 힘들다. 계속되는 거절메시지에 녹초가 되기 때문이다. 자신의 존재가치에 환멸까지 느끼게 된다. 그러나 어느 초짜는 출간을 하게 된다. 과연 어떤 차이 때문일까? 진짜 원고가 쓰레기라서 그럴까? 진짜 쓰레기 원고는 없다. 다 가치가 있다. 다만 책으로 낼 만한 형식, 틀 같은 게 맞지 않을 뿐이다. 좀 더 다듬으면 된다. 또는 훌륭한 편집자를 만나면 다 해결된다. 초짜들이 책을 진짜 못 내는 이유는 '포기'하기 때문이다.

리쌍의 길도 수백 번의 오디션에서 떨어졌다고 한다. 성공한 작가 이지성도 수백 번 거절을 당했다. 에디슨도 수백 번의 도전 끝에 전구를 발명했다. 성공한 사람 중에 그렇지 않은 사람이 어디 있는가. 정말 운 좋은 사람들이 친구 오디션에 따라갔다가 덜컥 연예인으로 되는 경우 빼고는 거의 모든 이가 좌절에 좌절을 겪은 후에 성공하는 것이다. 인디언들이 기우제를 지내면 반드시 비가 온다고 한다. 비가 올 때까지 지내기 때문이란다.

1,000번 돌리자. 보낸 데 또 보내더라도 끝까지 해보자. 적어도 1,000번은 돌리고 나서 포기한다고 마음을 먹자. 그러면 수많은 거절을 용케도 버텨낼 것이며, 그 안에 반드시 계약을 맺을 수 있게 된다. 자신과 궁합이 맞지 않아서 그렇지 궁합이 맞는 출판사가 반드시 존재한다. 원고가 쓰레기라서가 아니라 궁합이 안 맞을 뿐인 거다. 우리 원고의 가치를 알아줄 편집자는 반드시 존재한다. 만나려면 열심히 원고를 돌리면 된다.

출판사들도 원고에 목이 마르다. 좋은 원고를 찾아 헤매기까지 한다. 여러 블로그를 다니면서 출간제의를 먼저 하기도 한다. 책을 내서 돈을 벌고 싶어도 원고가 없는데 어떻게 할 것인가. 출판사도 마찬가지로 원고가 필요하다. 따라서 우리는 이런 출판사를 찾아 원고를 넣으면 된다. 서로의 이해가 맞으면 계약이 체결된다.

원고를 출판사에 돌릴 때 사실 창피하기도 하고, 자괴감이 들기도 하고, 계속 거절을 당하면 많이 위축되기도 한다. 그만큼 첫 출판은 힘들다. 찌라시 돌리는 알바가 된 기분이 든다. 보통 치킨집에서는 하루 장사를 하기 전에 찌라시를 먼저 돌린다. 그게 일상이 된 치킨집은 장사가 다른 집보다 잘 된다. 하루에 100장이라도 꼭 돌리고 영업을 시작한다. 그러면 찌라시에 반응을 보여 매출이 높아진다고 한다. 잘 되는 치킨집에서 직접 들은 이야기다. 이와 같이 우리도 찌라시(원고)를 돌려야 한다. 원고를 쓰면서도 계속 돌려야 한다. 그러다가 달칵 계약을 맺을 수 있다. 나는 지금도 찌라시를 돌린다. 오늘 원고를 쓰기 전에 출판사 몇 곳에 이미 쓴 원고를 돌린다. 매일은 아니지만 틈나는 대로 돌리고 있다. 거절은 당연히 받아들인다. 책을 몇 권이나 쓴 나도 이러는데 초짜들은 더 열심히 돌려야 하지 않겠는가. 건투를 빈다.

이번에는 원고를 작성하는 기술적인 부분에 대해 말씀드릴까 합니다. 보통 텍스트 위주의 원고는 하나의 파일로 주시지만, 사진이미지가 들어간다든지, 도표가 들어가는 용량이 큰 원고는 꼭지별로 보내시는 경우가 있습니다. 입장을 바꾸어 생각해보시면 쉽게 알아차리실 수 있습니다. 40꼭지의 글이라면, 40번 다운로드 받아서 40번 열어야 합니다. 본격적인 책 진행에서도 이는 상당히 불편하고 소모적인 작업의 연속입니다. 투고원고를 이렇게 보내시면 편집자는 읽어보기 힘듭니다. 기획서는 1페이지로, 원고는 한 개의 파일로 깔끔하게 보내시는 게 좋습니다.

이미지가 많이 들어가는 경우는 어떤 사진이 어느 자리에 들어가는지 배치하여 pdf 파일로 보내주시면 좋습니다. 책을 펼쳤을 때처럼 2쪽 펼침면으로 저장해서 보내주시면 최상입니다. 어차피 책으로 인쇄하기 위해서는 인디자인이라는 편집프로그램으로 새로 디자인을 합니다. 한글프로그램 및 워드문서에서 도표 작업을 하시거나 이미지를 넣어주셔도 그 상태로 인쇄소에 보내지 않습니다. 투고원고 파일은 원고 구성이 어떠한지 출판사에 보여주는 프레젠테이션 문서라고 생각하시면 됩니다.

보통 한글프로그램에서 원고작성을 많이 하실텐데, 기술적인 부분 두 가지만 말씀드리면, 문장을 시작할 때 한 칸 띄우는 문제! 스페이스바를 이용하지 마시고 그냥 작업하시는 게 좋습니다. 편집자가 일일이 다 지워야 합니다. 또는 디자이너가! 읽기 불편하다 싶으면 alt+T 로 들어가서 들여쓰기 10포인트 정도로 설정을 해두시면 엔터키를 누를 때마다 자동으로 들여쓰기가 됩니다. 그리고, 글이 끝나고 다음 꼭지로 넘어가는 부분! 일일이 엔터키를 눌러 페이지를 구분하지 마시고, ctrl+Enter 키를 누르시면 됩니다. 이 두 가지는 제가 원고정리를 할 때마다 저자분들이나 역자분들께 말씀드리고 싶었던 사항입니다. 하염없이 단순작업이 필요한 순간도 가끔 있지만, 드래그, 딜리트, 드래그, 딜리트… 작업은 소모적이라 느껴질 때가 많거든요.

그리고 또 하나. 단어표현의 문제를 잠깐 짚고 넘어갈까 합니다. 외래어 표기부분입니다. 우리가 일상에서 쓰는 발음과 맞춤법 규정이 다른 경우 아주 어색합니다. 콘셉트, 보디 등을 예로 들 수 있는데요. 저는 우리가 일상에서 사용하는 발음으로 표기를 합니다. 이 책에서도 저자분은 '콘셉트'로 해야 하지 않느냐 하셨는데, 제가 그냥 우리가 쓰는 말로 컨셉을 쓰시죠? 했고 저자분이 콜! 하셨습니다. 이쁘다, 짜장면도 맞춤법상 틀린 단어였지만, 얼마 전 실제 사용자들의 욕구에 맞춰 표준어로 인정이 되었습니다.^^

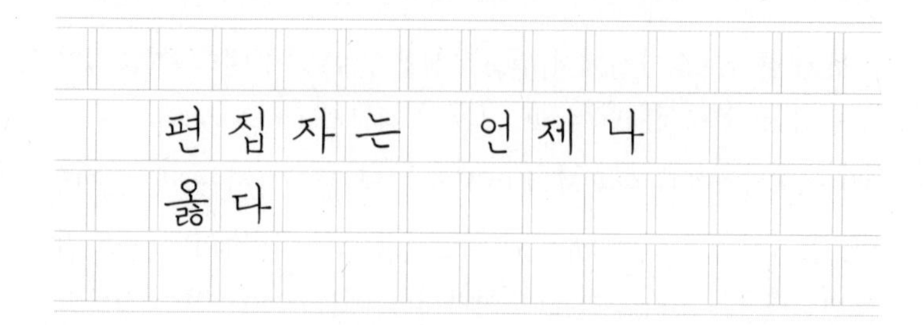

몇 권의 책을 냈다. 책을 내는 과정을 가만히 살펴보면, 내 글을 선택해준 편집자가 있었기에 가능했던 일이다. 나의 첫 책 《오늘도 조금씩》은 115명의 편집자에게 원고를 보냈고, 그 중 한 분이 선택해주셨기에 출판이 가능했다. 나의 글이 독자와 만나기 전에 반드시 편집자라는 존재를 거쳐야만 했던 것이다.

그런데 사실 나의 글은 블로그를 통해 이미 많은 독자들에게 읽히고 있었다. 편집자가 굳이 필요 없었다. 그러나 책이라는 틀로 만들어지려면 반드시 편집자가 있어야 했다. 그렇다면 편집자라는 존재는 왜 필요할까? 그냥 블로그에 계속 글을 쓰면 되는 거 아닌가? 왜 굳이 글을 책으로 만들어내야 할까?

결론부터 말하자면 편집자는 옳다. 미국의 스티븐 킹은 "편집자는 언제나 옳다"라고 표현했다. 맞는 말이다. 나의 허접한 글이 편집자를 통하면서 세련되어진다. 나의 엉터리 같은 졸고가 편집자의 손을 거치면 멋진 드레스를 입고 나온 화려한 공주님이 되어버린다. 아니, 어찌 이럴 수가 있단 말인가. 그들은 창조

주다. 그들은 신이다.

편집을 거치지 않은 블로그의 글을 시간이 지난 후에 보게 되면 얼굴이 달아올라 들 수가 없다. 조잡하다. 저것도 글이라고. 자괴감에 빠진다. 그래서 편집자가 필요한 거다. 그들은 거지를 왕자로 탈바꿈시켜 주는 마법사다.

책을 내고 싶다면 편집자를 염두에 두고 글을 써야 한다. 편집자들은 감으로 안다. 이 글이 돈이 되는 것일지, 독자들이 좋아할 만한 것인지 알아챈다. 따라서 자신의 글이 10명의 편집자를 거쳐 책으로 나왔다면(즉, 출판사 10곳에 원고를 보내 피드백을 받아 출간계약을 맺었다면) 좋은 글일 확률이 높다. 그러나 100명, 200명의 편집자를 거쳐서 나온 것이라면 (마치 나의 책처럼) 별로 좋은 글이 아니라는 소리다. 좋은 글은 편집자들이 달려든다.

그래도 괘념치는 말자. 수백 명의 편집자에게 퇴짜를 맞아, 결국 자비출판을 해서 성공한 작가들도 있다는 점을 놓치지 말자. 중요한 것은 오늘 아침에 일어나서 글을 썼다는 거, 이게 중요한 거다. 계속 쓰다 보면 언제나 옳으신 편집자님들을 만족시킬 수 있게 된다.

한편으로, 엉터리 졸고를 처음으로 읽어주는 편집자들이 얼마나 고마운가. 첫 독자들이시다. 우리집 사람들도 내 책을 읽어주지 않는 판인데, 편집자님들은 내 글을 읽어주는 얼마나 고마운 존재들인가 말이다.

오사와 마사치가 쓴《책의 힘》이라는 책에는 편집자에 대해 이렇게 말하고 있다.

> 쓴 것이 얼마나 많은 독자들에게 도달하게 될지는 쓰는 단계에서 알 수 없다. 그러나 그것은 확실하게, 한 사람의 독자에게 도달한다. 게다가 그는 최초의 독자이다. 그 최초의 독자야말로 편집자이다. 그러므로 나는 글을 쓸 때 우선 편집자의 비평적 의식을 만족시키고 싶다는 생각을 한다. 편집자를 만족시키지 못한다면, 그 너머에 있는 불특정 독자를 만족시킬 수 없을 거라는 기분이 드는 것이다.
>
> -《책의 힘》오사와 마사치, 김효진 역, 오월의봄, 2015

책은 저자 혼자서만 낼 수 없다. 편집자가 중간에 자리 잡아야 책이 나온다. 편집자 없이 책을 내보자. 편집자 없는 전자책 출판사가 있으니까 한번 시험 삼아 내보자. 얼마나 책 같지 않은지 확실히 알 수 있을 것이다. 그것을 본 독자들은 얼마나 또 욕을 해댈 것인가.

책을 내는 과정에서 원고는 저자가 쓰지만 그 외의 것들은 모두 편집자의 몫이다. 저자의 원고가 아무리 좋다고 한들 편집이 제대로 되지 않으면 빛을 발하기 어렵다. 반대로 하찮은 원고도 좋은 편집자를 만나면 멋지게 변신이 가능하다. 따라서 어떤 편집자를 만나느냐는 참으로 중요해진다. 그러나 초짜인 우리에게 어느 편집자가 무슨 필요가 있는가. 일단 내 원고의 가치를 알아봐준 분이 최고의 편집자가 될 것이다. 첫 책을 내고 책을 여러 권 내보면서 여러 출판사의 편집자들과 만날 수 있는데 그때 가서 자신과 궁합이 맞는 편집자와 계속 작업을 하면 될 것이다.

나는 첫 책을 내기 전에 여러 명의 편집자와 연락(통화, 이메일 등등)할 수 있었다. 내 원고를 보고 어떤 분은 날카로울 정도로 꼬집어주셨고, 어떤 분은 마치 나를 학생 가르치듯 상세히 알려주셨다. 내 원고에 반응을 보여주신 고마운 분들이다. 그러나 나는 편집자들의 그런 태도가 마음에 들지 않았다. '에잇, 안 내고 만다'라면서 그분들의 조언을 그냥 씹어버렸었다. 지금 와서 생각해보면 참 좋은 말씀이었는데, 왜 그분들의 말씀을 듣지 않고 혼자 잘났다고 했는지 후회가 된다. 독자와 가장 가까운 사람이 해준 말을 그대로 내팽개치다니. 만약 그분들의 말씀을 잘 따랐더라면 책 낼 수 있는 시간이 단축되었을 것이다. 당시 고까운 그 말들에 뛰쳐나갔지만, 결국 그분들의 말씀대로 나는 원고를 썼고, 첫 책을 낼 수 있었다. 내가 아무리 잘났다고 해봤자, 편집자 손바닥 안이다. 고로 편집자는 언제나 옳다.

초짜라면 편집자를 대할 때 공손하게 하자. 뭐 가르쳐주면 대답 크게 하고 잘 배우자. 뭐라고 꼬집으면 아파도 꾹 참고 잘 따르자. 절대로 대들지 말자. 제목을 고치자고 하면 "넵, 알겠습니다!" 하고 크게 대답하자. 책의 주제가 마음에 안 들어 전면 수정하자고 해도, 대들지 말고 잘 따라보자. 그러다 보면 뭔가 답을 얻을 수 있다. 일단 원고에 반응을 해준 게 어딘가. 대부분의 편집자들은 반응조차 없다. 내 원고가 쓰레기라고 꼬집어주는 분이 고마운 거다.

출판거절의 메일을 받으면 거기에 그치지 말고, 꼭 답메일을 해보자. "왜 제 원고가 어디가 마음에 안 드세요? 뭘 고치면 될까요? 조금이라도 좋으니까 참고될 만한 조언 좀 해주세요. 저는 책을 꼭 내고 싶습니다. 작은 조언이라도 부탁드립니다."라고 메일을 보내보자. 그러면 정말 참고할 만한 답변을 들을 수도 있다. 그게 다 보약이다. 물론 바쁘신 편집자들을 괴롭히는 행위겠지만, 정말 책을 내고 싶은 우리 코가 석 자다.

편집자는 언제나 옳다고 말씀해주셔서 감사합니다. 좀 뜨끔! 하기도 합니다. 어깨도 무겁구요. 제가 한 마디 더 보태본다면, 편집자는 그때 그때 다르다! 입니다. 제가 책을 만들며 항상 느끼는 건데요. 내가 며칠 전에 교정을 본 이 부분을 오늘 보았다면 좀 다를 것이다, 하는 거죠. 어미 하나 바꾸고 단어 하나 바꾸는 정도는 같은 경우가 많지만, 글의 순서를 바꾼다든지, 제목을 정한다든지, 표지 발주를 할 때 제안하는 전체 컨셉방향이라든지, 시안이 왔을 때 결정을 하는 주요 포인트라든지 이런 사항들이 제 컨디션에 따라 계절에 따라 심지어 같은 날이어도 오전 오후에 따라 달라지기도 합니다. 그래서 메모를 많이 합니다. 책을 진행하는 동안 떠오르는 멋진 단어나 문장 형태, 표지 느낌에 대해서 기준을 갖고 진행을 하기 위해서입니다.

같은 편집자라도 이렇게 때에 따라서 다른데, 어떤 편집자를 만나느냐에 따라 전혀 다른 책이 나오는 건 당연한 일입니다. 소통이 잘 되고, 책에 대해 생각하는 코드가 비슷한 편집자를 만나시면 최상인데요, 복불복입니다. 운이 좋기를 바랄 수밖에요. 잘 맞는 편집자를 만나면 , 그 편집자가 출판사를 옮길 때 저자들이 따라서 이동하는 현상도 생깁니다. 첫 책 멋지게 출간하시고, 그런 경험도 한번 해보시길 바랍니다.

이번에는 책 제목에 관해 잠시 말씀드릴까 합니다. 제목은 정말 중요합니다. 2002년에 출간, 우리나라에는 2003년에 번역출간된 일본도서《이 책은 100만부 팔린다》를 보면, 베스트셀러 방정식이 나옵니다. 이것만으로도 정말 솔깃하지 않습니까? 이 책은 정말 100만 부 나갔을까요? ㅎ

이 책은 책을 만들 때 우선순위를 어디에 두어야 하는지 생각해보게 해줍니다. 아마 국내에서도 작가지망생보다는 출판사 편집자와 마케터들이 더 많이 사 보았을 듯합니다. 15년 전에 출간된 책이고, 조금 억지스러운 부분도 있지만, 지금 읽어보아도 배울 점이 많습니다. 이 책은 팔리지 않는 '좋은 책'을 잘 팔아보자는 취지에서 기획된 것으로, 그저그런 내용의 책을 잘 팔아보자는 마케팅서가 아닙니다. 원고내용이 좋아야 한다는 건 기본이라는 뜻입니다. 이어 중요한 건 '제목'과 '표지' '저자 프로필'과 '목차'의 구성임을 알려줍니다. 어떠신가요? 다 알고 있었어!! 하는 내용인가요? 독자의 눈으로 보면 편집자의 시각이 읽히고, 편집자의 눈을 상상하면 저자로서 어떻게 글을 써야 하는지 생산적인 고민도 하게 되실 겁니다. 동기부여 차원에서 근사한 '나의 프로필'을 먼저 써 보시는 것도 좋은 방법입니다.^^

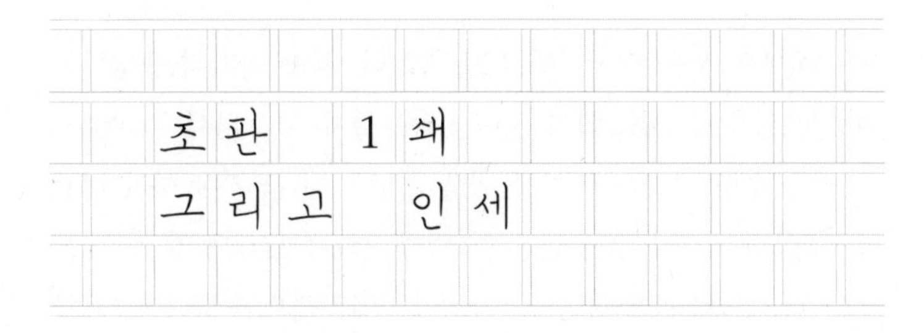

요즘은 출판이 불황이라(언제는 불황이 아니었겠는가마는) 초판을 1,000부에서 2,000부 정도만 인쇄한다고 한다. 예전에는 보통 3~5,000부를 찍었다고 한다.

잠깐 알고 넘어갈 것이 있다. 초판, 2판, 3판, 1쇄, 2쇄, 10쇄라는 말을 들어봤는지. 책을 펴보면 맨 앞장이나 맨 뒷장에 책에 대한 정보가 나와 있다. 제목 지은이 발행인 편집자 가격 ISBN 등 책에 대한 대략적인 정보가 나온 판권지에 보통 '초판 1쇄' 이런 문구가 실린다. 어떤 책은 '재판 4쇄'라고 찍힌다. 여기서 판이란 뭘까? 쉽게 말해서 개정판을 내면 판이 바뀌는 거다. 시대가 흘러 책을 다시 손봐야 할 때가 있다. 그럴 때는 제목은 그대로 두되 책의 내용을 바꿀 때 판을 바꿨다고 말한다. 즉, 1판과 2판은 책 내용이 조금은 다르다. 뭔가 바꼈다는 거다. 저자가 뭔가 수정을 해서 다시 냈다는 의미라고 보면 된다. 그럼 1쇄, 2쇄는 뭘까? 한 번 책을 찍어낼 때의 단위다. 보통 1쇄에 2,000부를 인쇄한다. 그러니까 어떤 책이 초판 4쇄라면, 대략 4쇄×2,000부

= 8,000부의 책을 만들었다고 보면 된다. 물론 작가가 유명하거나 인지도가 있으면 1쇄의 단위는 달라질 수 있다. 1쇄에 5,000부를 찍을 수도 있고, 1만 부를 찍을 수도 있다. 작가에 따라 다르다. 그럼 우리 같은 초보들은? 그렇다. 1쇄에 1,000부 또는 2,000부다. 많이 찍어주지 않는다. 잘 팔리면 더 찍으면 되니까 1쇄부터 많이 찍어놓을 필요가 없는 거다.

펴낸이 또는 발행인은 출판사 사장이라고 보면 된다. ISBN은 International Standard Book Number로 국제표준도서번호라 부르고 쉽게 말해 사람의 주민등록번호와 같다고 보면 된다. 책마다 다 다르다.

그렇게 출판사에서 1쇄를 찍을 때 출판사가 돈을 투자한다. 저자는 10원 하나 내지 않는다. 만약 첫 책을 출판하려는데 돈을 내라고 한다면 절대로 계약하지 말자. 작가로서 대접받지 못한다. 첫 테이프를 잘 끊어야 한다. 작가로서 인정받고 싶다면 자비출판, 전자출판을 하지 말자. 편집자에게 인정받는 원고로 출판하는 게 좋다. 결국 저자는 돈이 들지 않는다. 글만 쓰면 된다. 돈은 출판사에서 댄다. 보통 1쇄 2,000부 정도 책을 내면 중형 자동차 한 대 값이 들어간다고 한다. 약 2,000~3,000만 원이 드는 것이다. 따라서 출판사 입장에서는 대단한 모험임에 틀림없다. 신출내기 작가의 책을 내준다는 것은 저자로서 매우 감사해야 할 일이다. 자기돈 한 푼 안 들고, 그저 글만 쓴 것으로 이름 석 자를 세상에 낼 수 있지 않은가. 출판사가 무슨 죄인가. 덜컥 책 내줬다가 안 팔리면? 출판사만 그 고통을 떠안게 되는 것이다. 그래서 출판사들은 첫 책을 내려는 사람들의 글을 심사숙고해서 읽는다. 누가 읽는다고? 편집자가 그 일을 한다. 그러니 편집자의 눈에 들기 위해서는 돈이 될 만한 책을 써야 한다. 그렇지 않으면 출판사가 미쳤다고 책을 내주겠는가.

저자에게는 인세가 돌아간다. 정가의 8~10%가 인세로 책정된다. 이는 평균치다. 보통 인기 있는 작가는 더 받을 수도 있다. 자기 팬을 확보한 사람일수록 인세는 더 높다. 그러나 우리 같은 초짜들에게는? 그렇다. 5~8% 보면 된다. 정가 13,000원짜리 책을 낸 경우 인세 7%면 한 부당 910원이다. 책 한 권 팔아서 1,000원도 안 된다. 책으로 먹고살려면 많이 팔려야 한다.

단순 계산을 해보자. 책 정가가 10,000원이라고 치고, 인세가 10%라고 치자. 책이 한 권 팔리면 1,000원이 입금된다. 만 권 팔리면 1,000만 원이 입금된다. 10만 부 팔리면 1억이다. 즉, 1년에 책 한 권 내서 10만 부가 팔리면 연봉 1억의 작가가 되는 것이다. 간단하다. 10만 부만 팔면 된다. 쉽다. 그렇지만 10만 부는 꿈의 숫자다. 보통 대박쳤을 때 5만 부를 얘기한다. 만 부도 힘들다. 요즘처럼 책 안 읽는 세상에서는 더욱 힘들다. 책만 써서 먹고 사는 사람이 대한민국에서는 몇 명 안 된다. 글쓰기 위해 다른 일을 해야만 하는 나라에 우리는 살고 있다.

저자 입장에서 '아, 인세가 너무 짜다'라고 생각될 수도 있다. 그러나 출판사 입장으로 돌아가보자. 책 내는데 중형차 한 대 값이 들어가는데, 이게 잘 팔릴지 안 팔릴지도 모르는 원고를 가지고 모험을 하는 거다. 물론 어느 정도 감은 있으니 출판을 하는 거겠지만, 이름 없는 신출내기의 책을 어느 독자가 사주겠는가. 옆 나라 일본처럼 도서관 수가 많아서 책을 내면 도서관에서만 그 책을 사주어도 어느 정도 유지할 수 있는 구조라면 모를까, 우리나라는 도서관 수가 적어서 그것도 안 된다. 출판사로서는 중형차의 모험을 걸 수밖에 없다. 그러니 인세타령은 그만 두자. 나중에 정말 유명해졌을 때 따지자. 지금은 첫 책을 내주는 것만으로도 출판사에 감사해야 한다. 사실 나는 인세를 안 받아도 된다고 생각했다. 내 책을 세상에 내는 것만으로도 굉장히 기뻤다. 돈은 두 번째 책부터 벌면 된다. 일단 첫 책을 내는 게 급선무다. 첫 책을 내면 두 번째, 세 번째는 쉽다. 출판사에 두 번째 원고를 들고 노크할 때 답변회신율이 높아지게 된다. 아무래도 출판사에서도 신출내기보다는 그래도 한 권이라도 내본 사람과 작업하고 싶은 거다.

그래서 첫 책을 내면서 너무 돈을 따지지는 말자. 첫 책을 내준 출판사에 고마움을 느끼고 그들에게 보답해야 한다. 나중에 돈이 될 만한 책을 가지고 꼭 첫 책을 내준 출판사의 은혜에 보답하자. 언제나 모든 것이 '첫'이라는 것은 큰 의미가 있다. 내 이름을 처음으로 세상에 내준 출판사의 은혜를 잊어서는 안 될 것이다. 그러니 인세가 얼마든, 언제 들어오든 상관하지 말자. 어련히 다 알아서 해주겠는가.

저자는 특이하게도 사업자등록을 하지 않아도 된다. 저자는 사업자가 아니다. 아무리 작은 가게도 사업자등록을 해야 하지만, 저자는 인세로 1억 넘게 벌어도 사업자등록을 할 필요가 없다. 출판사에서 다 알아서 세금 제하고(원천징수) 인세만 딱 입금한다. 세금 문제도 간단하게 해결된다. 한마디로 책을 내면 신경 쓸 게 거의 없다. 다만, 책의 내용이 시류에 따라 바뀌어야 된다든지 할 때는 판을 바꿔야 하기 때문에 신경이 쓰인다. 예를 들어, 세법에 관련된 책을 낸다고 치면, 세법이 바뀔 때마다 개정판, 증보판을 새로 내야 한다. 안 내도 되긴 한다. 대신 안 팔린다. 강사만 해도 세금에 피곤해질 수 있다. 책을 내고 그 책을 바탕으로 강연을 한다면 세금을 따로 신고해서 내야 한다. 안 그러면 나중에 세금폭탄 맞는다. 책만큼 깔끔한 게 없다.

책 한 권을 내면 얼마나 벌 수 있을까요? 책을 쓴 저자는? 출판사는요? 많이 벌면 좋습니다. 많이 벌려고 만드는데 당연히 많이 벌어야죠. 출판사 입장에서 책은 매 권마다 로또입니다. 하나만 터져라! 하나만 터져주면! 대박까지는 아니어도 중박이라도! 그렇습니다. 중박 몇 권만 목록으로 받쳐주어도 책 만드는 재미가 쏠쏠합니다. 사실 많이 벌면 함께 나눈다는 마인드를 가진 출판사를 만나면 속상할 일이 없습니다. (더블엔은 정확히 제작하고 결제하고 인세정산 잘 하고 있습니다. 자랑타임 시작되었습니다^^)

저자에게는 책이 팔리는 부수에 비례해서 정산하는 인세방식이 있고, 처음에 한 번 원고료를 지급하고 끝나는 매절방식이 있습니다. 저자 입장에서 책이 베스트셀러가 될 것 같거나 꾸준히 스테디셀러로 팔릴 자신이 있다면 절대 매절을 하면 안 되겠죠. 중요한 건 그걸 출판사도 저자도 아무도 예측할 수 없다는 겁니다. 그러면 매절이 꼭 나쁜 방식이냐? 또 그렇진 않습니다. 정가 만원짜리 책을 1천 부 찍어서 3개월 안에 8% 인세를 지급하기로 계약을 한다면, 얼마인가요? 80만원입니다. 책 한 권 쓰는데 들인 시간과 노력을 생각했을 때 너무 적은 금액입니다. 물론, 안 팔리는 책을 만든 출판사도 어렵긴 마찬가지죠. 이럴 경우를 대비해서 매절 방식으로 원고료 얼마, 해서 현금으로 지급받는다면 전자의 경우보다 좀 합리적일까요? 그런 차이입니다.

자비출판이라는 형식도 있습니다. 책은 내고 싶은데, 시장성이 없어서 출판사에서 책을 내주지(?) 않는 경우, 쉽게 말하면 저자가 제작비를 부담하고 책을 펴내는 것을 말합니다. 제작비의 범위를 어디까지 할 것인지, 몇 부를 찍을 것인지, 서점 유통을 할 것인지 출판해서 저자가 모두 가져올 것인지 처음 제작비는 부담하고 2쇄를 찍게 되는 경우 인세를 받을 것인지 등등 출판사마다 기준이 있을 것이며 책마다 다르게 적용될 것입니다. 그렇다고 모든 출판사가 다 자비출판을 하는 것은 아닙니다. 자비출판 전문 출판사도 있고, 기획사에서 책 출판을 하기도 합니다. 내가 정말 쓰고 싶은 분야라 쓰기는 했는데, 시장성이 없는 것 같다 싶으면 일부 제작비를 부담해서 출판하는 형식도 괜찮습니다.

어떤 출판사를 선택하시든, 또는 어떤 출판사에서 선택을 받으시든 그 출판사의 출간목록을 살펴보시기를 권합니다. 제목을 잘 잡는 것 같은지 표지가 내 스타일인지 등 정도도 파악하시는 것이 좋습니다. 첫 책을 빨리 내는 게 중요한 마당에 사실 이것저것 다 따지기는 힘들겠지만, 나름의 원칙 하나 정도는 만들어두시면 더 멋진 책을 만드실 수 있습니다.

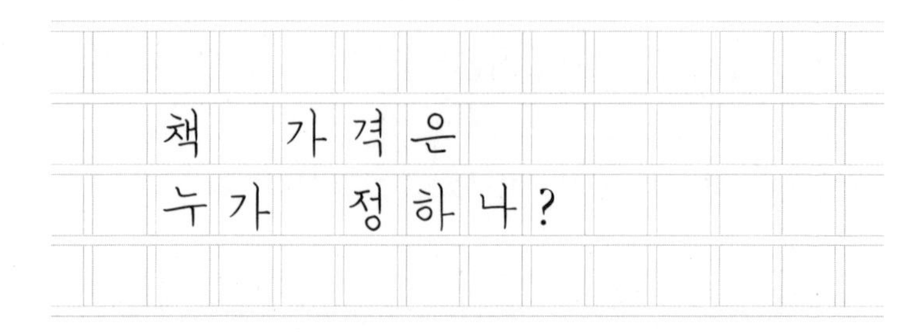

책 가격은 당연히 출판사에서 정한다. 단행본은 보통 13,000원 정도 한다. 책으로 약 300페이지 안쪽으로는 12,500원에서 13,000원 정도 책정하는 듯싶다. 페이지 수가 늘면 15,000원 정도 하는 거 같고, 전문성이 돋보이면 18,000원 정도 하는 거 같다. 출판사에서는 이 정도 받아야 직원 월급도 주고, 작가 인세도 주고, 사무실 임대료도 주고, 돈도 벌 수 있다고 생각하는 모양이다. 독자의 입장에서 본다면 어떨까? 책값이 만만치 않다. 차라리 영화를 보고 말지 고리타분하게 무슨 책이람? 하고 생각할 수도 있다. 대체제가 많기 때문에 독자들이 점점 줄어드는 것 같다. 그래도 책을 읽을 사람은 읽는다. 누군가 그랬는데, 아무리 책을 안 읽어도 5%의 사람은 그래도 책을 읽는다고 했다. 우리나라 국민이 5천만이니까 5%면 250만 명인가?

출판사에서는 책 가격뿐만 아니라 디자인도 정한다. 정성이 있는 출판사라면 표지디자인을 여러 개 하여 저자보고 선택하라고 한다. 저자와의 합의, 내부회의를 통해 표지 시안을 결정한다. 그러나 첫 책을 내는 입장에서 그 어떤 디자인이든 무슨 상관이란 말인가. 그저 고마울 따름이다. 책 내주는 것만도 감사한데 전문 디자이너를 통해 예쁘게 만들어주니 얼마나 고마운 일인가. 출판사 입장에서는 다 돈 들어가는 일이다.

내가 첫 책을 낼 때 책의 분량이 편집자님을 만족시키지 못했다. 편집자는 조금 더 내용을 추가했으면 했고, 나는 겨자 먹기로 원고를 더 짜냈다. 원고를 쓴 지 꽤 됐기 때문에 글투의 통일성을 유지하는 게 참 힘들었다. 되도록 출판사에 보낼 원고의 양을 충분히 확보하고 나중에 삭제하는 게 차라리 더 낫다. 추가로 원고를 보충하는 작업은 힘들었다. 편집자님은 원고의 분량을 더 요구했으나, 나는 그 요구를 만족시키지 못했다. 그리하여 사진이라는 것으로 책의 분량을 늘리는 편법을 사용했다. 만약 글을 쓰는 사람이 붓글씨를 쓰거나, 사진 솜씨가 있거나, 그림을 좀 그릴 줄 안다면 금상첨화다. 자신의 그림, 사진, 글씨를 책에 첨가할 수 있다. 그만큼 원고를 더 안 써도 된다는 잔꾀다.

책의 정가에는 사실 신경이 별로 쓰이지 않는다. 직접적으로 나에게 돌아오는 인세에 더 관심이 간다. 정가 13,000원짜리 책에 인세 5%면 한 권 팔릴 때마다 650원이다. 팔릴 때마다 인세가 들어오지는 않는다. 합계가 어렵기 때문이다. 나중에 반기마다 또는 분기마다 입금이 된다. 돈이 입금되는 것은 출판사마다 다르다.

나는 사실 돈이 얼마가 입금되었는가는 별로 중요하게 생각하지 않았다. 그보다는 책이 얼마나 팔려서 얼마나 많은 독자들이 내 책을 봤을지가 더 궁금했다. 새 책으로 나를 만난 사람들도 있을 것이고, 중고책으로 또는 도서관에서 나를 만난 독자들이 있을 것이다. 그러나 이게 실제로 통계되지 못하니 그저 입금된 돈으로 대충 유추해볼 뿐이다.

책이 잘 팔려 2쇄를 찍게 되면 기분이 어떨까? 내 책은 아직 2쇄를 찍어보지 못했다. 시장 반응도 생각보다 시원치 않다. 어느 정도 팬을 확보하지 못하면 출판시장에서 살아나기도 힘들 듯싶다. 그러나 나는 이렇게 생각한다. 정말 좋은 책은 결국 빛을 보게 된다. 다만 시간이 조금 걸릴 뿐이다.

그만큼 나는 나의 첫 책에 대해 자부심이 강하다. 참 괜찮은 책이라고 생각한다. 건방지게도. 그러니 꼭 한번 사서 읽어보시라. 《오늘도 조금씩》이다.

종이책은 집계가 한참 걸리고 입금도 한참 후에나 된다. 그러나 전자책은 매월 집계가 가능하고 확인도 바로바로 할 수 있다. 다운로드방식이니 집계가 편리하다. 그러니 출판사에서도 달로 끊어서 인세를 지급해준다. 예전에 출간된 책을 보면 책의 본문 뒷면에 저자의 도장이 찍힌 인지가 붙어 있는 경우가 많았다. 요즘은 거의 없다. 저자 입장에서는 책이 몇 권 팔리는지 직접적으로 관리할 수 있는 방식이다. 자신의 도장이 찍힌 인지를 몇 개

내보냈는지 개수를 파악할 수 있기 때문에 책이 얼마나 나갔는지 확실히 알 수 있다. 그러나 너무 번거롭다. 그래서 요즘은 거의 안 한다.

요즘 책값이 만만치 않다. 도서정가제 때문에 할인도서도 거의 없다. 할인되어도 최대 10%다. 예전에는 반값 도서도 많았다. 도서정가제 때문에 더욱 책에 대한 접근성이 떨어졌다. 일단 소비자 입장에서 본다면 책값이 만만치 않은 거다. 책 말고 할 게 많은데 굳이 비싼 돈 주고 책을 사 보겠는가. 그래도 읽는 사람들은 읽지만 많은 이들이 떨어져나간 건 사실이다. 뭐가 좋은지는 나는 전문가가 아니라서 모른다. 다만 소비자 입장에서 예전이 더 좋았다. 솔직히 책값이 비싸서 부담된다. 그나마 전자책은 조금 싼 편이다.

종이책의 가장 큰 단점이 있다. 절판되면 구할 수 없다는 점이다. 출판사에서 새로 찍어내지 않는 이상 오래된 책은 구하기 힘들다. 그러나 전자책은 그런 단점을 완벽히 덮어준다. 절판될 염려가 없다. 언제든 다운받아서 보면 된다. 앞으로 전자책시장이 점점 커질 것으로 보여진다. 처음에는 전자책을 읽기가 힘들었다. 그러나 시간이 갈수록 전자책이 편해지고 있다. 점점 적응이 되는 거다. 전자책은 언제든지 어디서든지 스마트폰만 있으면 볼 수 있다. 휴대하기 편하고 가격이 싸기 때문에 전자책 시장은 점점 커질 것이다.

책 가격이 부담스러우면 도서관을 이용하면 된다. 그런데 저자가 되니까 그런 말을 못 하겠더라. "책은 사서 봐라!" 라고 말한다. 흐흐흐. 솔직히 책 한 권 팔아 인세가 약 1,000원 들어오는데 돈이 되지 않는다. 독자들이 도서관에서 책을 빌려다보면 저자 입장에서는 손해다. 사서 봐야 하는데 만날 빌려 읽으니 말이다. 예전 독자입장에서는 책은 도서관에 빌려서 읽으면 된다고 말했는데, 저자가 되니까 변심했다.

책의 소비를 늘리려면 어떻게 해야 할까? 영화를 일단 없애고, 텔레비전을 반만 줄이고, 라디오도 없애고, 연극도 없애면 될까? 상황만 탓하고 있는 것인지. 저자가 책을 재밌게 쓰면 독자는 언제든지 올 수 있는데 그렇지 못해서 그런 건지. 한국은 제법 책 안 읽기로 소문난 나라다. 그럼에도 불구하고 경제력 11위의 대국이다. 책 읽는 것과 경제는 별개의 문제인가. 하긴 배운 거 없는 사람도 부자로 잘만 산다.

그렇다면, 왜 책을 읽어야 할까? 교양 때문이다. 인간으로서 인간답게 살기 위함이다. 하지만 이런 사실을 많은 이들이 무시한다. 과거 나도 그랬다. 그렇지만 대한민국은 이제 먹고 사는 문제를 왠만큼 해결했다. 잘 먹고, 잘 입고, 잘 산다. 이런 기초적인 문제들이 해결되면 보다 인간적인 것들에 대한 갈망이 솟아난다. 좀 더 세련되고, 교양있고, 품위 있는 사람이 되고 싶은 욕구다. 결국, 책으로 귀결될 것이다. 따라서 약간의 희망을 가져본다. 앞으로 출판시장은 점점 커질 것이다. 현재까지는 미디어에 시선을 빼앗겼지만, 영리한 사람들이므로 점점 책으로 시선을 돌릴 것이 분명하다.

쓰다 보니 원고선택 tip 이라기 보다는 출판사 이야기 편집 이야기가 많아졌습니다. 어찌 보면 출판사에서 책 만들어지는 공정을 알면 원고작성이나 투고 준비가 더 수월할 수 있으리라 생각합니다. 제목을 부끄럽지 않게 하기 위해 원고선택 tip 10을 뽑아보았습니다. 요 정도 되겠습니다.

1. **저자의 관심사, 잘 쓸 수 있는 것으로 주제를 잡았다.**
2. **재밌게 썼다.** (필력이 부족하면 필사를 하든 공부를 하든 본인의 필력을 만들어야 한다)
3. **저자의 현재 프로필과 연관된 지식 및 노하우를 담았다.**
4. **평범한 주제를 독특하게, 또는 낯선 주제를 솔깃하게 풀어냈다.** (독자가 왜 이 책을 집어들지를 생각하며 써야 한다)
5. **실사례가 많다.** (남의 책 인용문에 지나치게 의존하지 않아야 한다)
6. **1페이지 기획서를 진솔하게 작성했다.**
7. **왜 이 출판사에서 출간하고 싶은지 밝혀주었다.**
8. **홍보는 같이 하는 것!** (블로그 및 SNS 파워가 크면 좋겠지만 그렇지 않아도 지속적으로 하겠다는 의지가 있다면 OK!)

9. 원고는 꼭지별로 말고 통으로 하나의 파일로!

10. 사진이 많은 원고라면 사진 자리잡아 pdf 파일로 변환!

이 내용은 100% 모든 출판사들의 보편적인 기준이 아니며, 더블엔의 대략의 원고선정 기준이랄 수 있습니다. 또한 더블엔도 저 기준에서 벗어난 원고를 제법 출간했습니다. 사실 저자에게 특별한 홍보전략이 없더라도, 원고를 하나하나 다운로드받고 저장하는 데만 몇 시간 걸리도록 불편하게 보냈더라도, 내용이 좋아서 편집자가 욕심을 부린다면, 손해보지 않을 만큼 손익분기점은 넘길 만큼 팔 자신이 있다면 진행을 합니다. 우리 출판사는 이런 괜찮은 책 출간합니다, 하고 출판사 도서목록 자랑용으로 만든다고 생각하면 이해하기 쉬우실 겁니다. 하지만 조금 슬프게도 이런 목적으로 책을 내기에는 점점 더 시장이 어려워지고 있다는 게 문제입니다.

저는 출판사에서 편집을 하며 출간을 원하는 저자들의 투고 원고를 읽어보며 많은 생각을 합니다. 참으로 다양한 분야의 분들이 참으로 많은 주제로 책을 내고 싶어 하시는구나, 그리고 그런 분들이 정말 많구나, 를 말입니다. 요즘은 다들 배우고 연습하시는지 글 잘 쓰시는 분들도 정말 많습니다. 깜짝깜짝 놀랍니다. 이 글을 읽으시는 독자분께서 "나는 글을 좀 못쓰는데…" 하신다면 앗! 많이 노력하셔야 합니다~. 정말입니다.^^

#3

책을 내고 달라진 삶

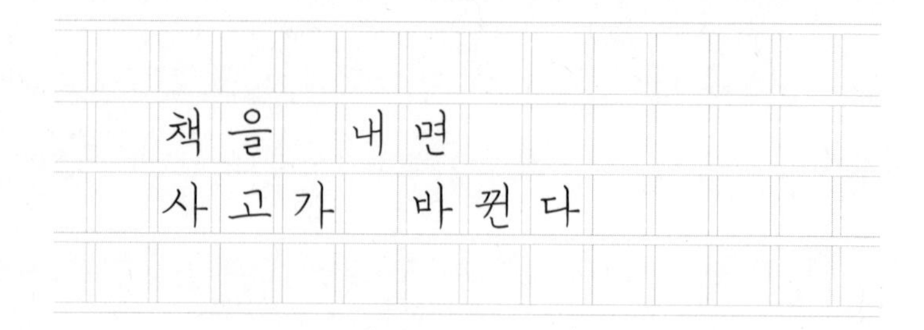

책을 내면 사고가 바뀐다

책을 내고 나서 가장 먼저 하는 일이 있다. 인터넷 서점을 뒤져서 내 책을 읽은 사람들의 리뷰를 찾기 시작한다. 독자들의 반응이 궁금한 거다. 리뷰는 몇 개가 달리는지, 독자들은 내 책에 어떤 평가를 내리는지 궁금한 거다. 리뷰뿐만 아니라 내 책이 진열되어 있는 서점도 방문한다. 독자들이 내 책에 관심이 있는지, 내 책은 어디에 위치하는지 궁금한 거다. 독자로서 서점을 찾다가 저자가 되어 서점을 찾게 되면 기분이 묘해진다.

나는 책을 내고서 매일 인터넷을 뒤졌다. 내 책을 검색창에 쳐서 누군가 내 책을 읽고 리뷰를 했는지 매일 검색했다. 그러나 내 첫 책은 폭발적인 반응이 없었다. 그저 그랬다. 그래도 감사하게도 책을 읽고 리뷰를 써주는 독자들이 있었다. 반응은 괜찮은 편이었다. 편집자의 손을 거쳐 나온 책은 웬만하면 반응이 괜찮다. 내가 아는 작가 중 한 명은 자신의 책에 리뷰를 써주는 글을 공유해서 자신의 블로그에 올려놓고 감사의 글을 적기도 한다. 그만큼 저자에게 독자들의 리뷰는 큰 의미를 지닌다.

첫 책은 반응이 서서히 온다. 기존 팬이 없기 때문이다. 유명한 작가야 책을 내자마자 리뷰가 수두룩하게 올라온다. 그러나 우리 같이 첫 책을 낸 사람들에게 그런 반응을 기대하는 것은 허황된 욕심이다. 책의 반응은 서서히 온다. 그러니 그냥 기다리면 된다. 책을 낸 순간부터 그 책은 내 책이 아니다. 독자들의 책이다. 내 손을 떠났기 때문에 내가 뭘 어쩌지 못한다. 첫 책은 그대로 흘려보내고, 두 번째 책에 집중해야 한다. 그러나 사실 그게 잘 안 된다.

매일같이 인터넷을 조회해서 내 책이 시장에서 어떤 반응을 일으키는지 살펴본다. 궁금해서 참을 수 없다. 안 하려고 해도 잘 안 된다. 책을 내고 6개월이 지나면 그게 좀 잠잠해진다. 그전까지는 첫 책을 낸 흥분으로 산다. 요즘은 인터넷 서점 화면에서 시시때때로 서점별 재고량을 파악할 수 있다. 영풍문고에 내 책이 몇 부 있고, 교보문고에 몇 부가 있는지 시시각각 재고를 파악할 수 있다. 그래서 어제 내 책이 몇 부가 팔렸는지 대충 알 수 있다. 책을 낸 후에는 매일 사이트에 들어가서 그걸 확인한다.

나와 비슷하게 나온 시기의 책도 살펴보고, 이웃 작가의 책도 살펴본다. 잘 팔리는지 시장에서 좋은 반응을 보이는지 요즘 독자들은 어떤 책을 찾는지, 어떤 책이 베스트셀러인지 관심이 생긴다. 독자로 있다가 첫 책을 내면 저자로서의 눈이 새로 생긴다. 왜 이런 책이 시장에서 반응이 좋을까 생각해보기도 하고, 나는 앞으로 어떤 책을 써야겠구나 결심하기도 한다. 첫 책을 내기 전에는 결코 생각해보지 못했던 일이다. 책을 읽어도 온전히 독자로서만 읽는 것이 아니라 저자로서 읽게 된다. 왜 이 저자는 이렇게 글을 진행했을까, 나라면 이렇게 썼을 텐데. 이 부분은 참 좋다, 나도 이렇게 글을 써야겠다 하는 식으로 책을 읽게 된다. 순진한 독자에서 영악한 독자로 탈바꿈한다고 보면 된다.

첫 책을 내면 마인드가 완전 바뀐다. 독자로서 책을 대하는 것이 아니라 동료 작가로서 책을 대하게 된다. **책을 있는 그대로 읽기보다는 이제는 분석이 가미된다.** 업계 라이벌로서 책을 읽게 된다. 특히 같은 분야의 책이라면 더욱 그렇다. 좋은 점을 따오고 나쁜 점은 버린다. 첫 책을 내고 나면 두 번째 책이 욕심이 난다. 어떤 공부를 해서 책을 낼지 고민하게 된다. 책을 내는 조건으로 공부를 하면 공부가 더 잘 된다. 누군가에게 가르쳐주기 위해 배우면 더 열심히 한다. 보다 능동적으로 공부한다. 공부가 안되면 누군가를 가르치기 위해 배운다고 생각해본다. 그러면 공부가 더 잘 된다. 즉, 책을 쓰기 위해 공부를 하면 공부가 더 잘 될 수밖에 없다. 공부하는 맛도 난다. 공부의 결과물로 책을 내는 것은 참으로 매혹적이다. 배우고, 책 내고, 돈도 벌고. 1석 3조다. 피터 드러커는 3~5년 동안 새로운 분야에 대한 공부를 해서 책을 냈다. 그는 97세까지 살면서 평생 그 작업을 했다. 그는 100권이 넘는 저서를 남겼다.

피터 드러커만 할 수 있는 일이 아니다. 누구나 가능하다. 드러커는 경영부문에서 두각을 나타냈다. 우리는 각자의 주특기분야에서 그렇게 하면 된다. 그러면 그와 어깨를 나란히 할 수 있다. 일단 첫 책 내는 것이 급선무다. 그리고 두 번째 책부터는 공부하고 책 내고를 반복하다 보면 우리도 훌륭해질 수 있다. 훌륭해서 책을 내는 게 아니라, 책을 내다 보면 훌륭해지는 거다. 공부하고 돈도 버는 시스템이다. 이 얼마나 아름다운 시스템인가. 이런 시스템이 바로 출판이다.

공부만 하지 말자. 자격증 따는 것만 목표로 삼지 말자. 그 과정을 공유하자. 영어 공부를 해서 토익 만점을 받았다면 그것을 책으로 남기자. 공부만 하지 말자. 여행을 다녀왔다면 그것을 책으로 남기자. 그냥 다니지 말자. 취미가 있다면 즐기지만 말고 취미를 책으로 남기자. 다산 정약용 선생이 유배지에서 아들 학유가 닭을 부치겠다고 하자 그에게 이렇게 말했다. "책으로 남겨라." 그냥 일만 하지 말고 책으로 만들어 체계를 정리하라는 것이다. 나는 일뿐만이 아니라 모든 것에 적용하라고 말하고 싶다. 놀이, 취미, 휴식, 잠, 식사, 건강 등등 자신이 겪고 느끼는 모든 것을 책으로 남겨보자는 거다. 보다 잘 놀 수 있고, 보다 잘 취미 활동을 할 수 있고, 보다 잘 쉴 수 있고, 보다 잘 잘 수 있고, 보다 잘 먹을 수 있고, 보다 더 건강할 수 있다.

책을 써내는 이유는 공유하기 위해서다. 혼자만 꼭꼭 감춰놓고 보기 위해서가 아니다. 성공 사례를 서로 공유해서 보다 나은 사회를 만들기 위한 것이다. 근본적으로 글에는 사랑이 있어야 한다. 철학자 강신주는 "글은 사랑받기 위해 쓰는 것이 아니라 사랑하니까 쓰는 것"이라고 했다. 단정적으로 말해, 사랑이 없는 글은 글이 아니다. 책을 쓰는 이유도 마찬가지다. 돈을 벌고 명예를 얻기 위해서만 쓰는 것이 아니다. 독자를 사랑하니까 쓰는 거다. 그런 마음 없이 책을 쓰면 책은 단순히 돈벌이 수단으로 전락하게 된다. 책을 그렇게 대하지 말자. 사랑하다 보니 사랑받는 것이지, 사랑받기 위해 사랑하는 것은 아니다.

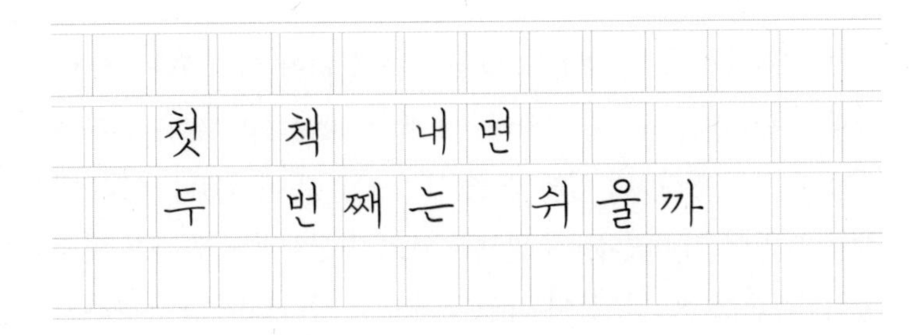

원래 내 계획은 첫 책을 내면 두 번째 책부터 더 쉽게 책을 내는 거였다. 초짜도 아니고 책도 한 번 내봤으니 다른 출판사에서 내 원고를 잘 접수해주겠거니 생각했다. 그러나 오산이었다. 첫 책으로 뜨지 않은 상황에서는 그런 메리트가 거의 없었다. 다만 나를 소개할 때 한 줄 더 쓸 수 있다는 장점은 있었다.

두 번째 종이책의 원고를 들고 출판사에 노크를 하러 다녔다. 물론 이메일로. 수많은 거절을 당했다. '어? 이상하네? 첫 책 내는 것도 아니고 책을 내본 경험이 있는 자의 원고를 이렇게 푸대접할 수 있나?' 의아했다. 나는 첫 책을 낸 출판사에는 원고를 보내지 않았다. 첫 책에 대해 홍보도 안 하는 놈이 두 번째 책 내달라고 조르는 형국이라는 생각에서 미안했다. 그러다가 내 원고에 군침을 흘린 한 출판사에서는 그게 궁금했는지, "왜 첫 책을 낸 출판사와는 계약을 다시 안 맺었느냐? 뭐 섭섭한 거라도 있었느냐? 어떤 계약 조건이 맘에 안 들었냐? 특별히 원하는 계약 조건이라도 있는 것이냐?" 라고 물어오기까지 했다.

하여튼 나는 두 번째 원고를 들고 하염없이 노크했다. 189번 만에 출판계약을 할 수 있었다. 첫 책 낼 때보다 더 많은 출판사의 문을 두드렸다. 더 쉽게 낼 줄 알았는데 더 어려웠다. 이건 내 계획에 없던 일이었다. 내 원고를 보고 접선했던 출판사가 몇몇 있었다. 괜찮다느니, 같이 작업을 해보고 싶다느니, 독특하다느니 말들이 많았지만 결국 출판계약을 맺지는 못했다. 전화로 질질 끌며 통화한 시간만 해도 대여섯 시간은 됐을 것이다. 나중에는 내가 조르는 형국까지 갔다. "저, 언제 출판계약을 하나요? 제가 첫 책을 낼 때는 출판계약부터 하고 작업 들어갔는데요." 꼭 돌아가는 형국이 계약하지 못할 거 같았다. 역시나 못했다.

자, 그러니 꼭 알아두자. 진짜 원고가 마음에 들면 출판계약부터 하자고 덤벼든다. 다른 출판사에서 채갈까 봐 일단 계약부터 하자고 달려든다. 계약은 하지 않고 이런저런 조건들과 요구사항만을 말하는 출판사와는 결국 파투나게 되어 있다. 두 번째 원고도 계약할 때는 단박에 했다.

"다른 출판사와 계약을 맺지 않았다면 선생님의 원고를 저희 출판사에서 예쁘게 만들어보고 싶습니다. 연락 바랍니다."

이런 식으로 온다. OK신호를 보내면 곧바로 출판계약서가 메일로 온다. 전광석화다. 얼른 온다. 당장 온다. 이래야 맞는 거다. 그렇게 해서 나온 책이 《소소하게, 독서중독》이다. 현재까지 책을 여러 권 썼지만, 앞으로도 만만치 않을 거 같다. 출판한 책들이 빛을 보면 모를까 그게 아니면 첫 책 내는 것만큼 힘든 게 사실이다. **결국 독자들에게 공감을 얻어낼 수 있는 내용이라야 한다.** 쉽고 재밌고 배울 게 있는 책이라야 독자들에게 호응을 얻을 수 있다. 책을 아무리 많이 낸들 그런 것이 없으면 말짱 꽝이다. 어떤 것으로 독자들에게 좋은 내용을 전해줄까 고민하는 것이 더 가치있는 일이겠다.

내가 지금까지 출간한 책을 보자면 이렇다.(2017년 8월 기준)

1. 종이책《오늘도 조금씩》
2. 전자책《꿈 잃은 직딩들의 꿈 찾기 프로젝트》
3. 종이책《소소하게, 독서중독》
4. 전자책《술 끊기 100일 프로젝트》
5. 전자책《아! 복잡한 건 됐고, 간단하게 조선왕조》
6. 종이책《나는 평생 일만하다 가고 싶지 않다》
7. 종이책《텔레비전을 10년 끊어보니까》

2. 전자책《꿈 잃은…》은 한 전자출판사가 마음에 들어서 원고를 넣었다. 편집자님께서 정말 정성스럽게 내 원고를 다듬어주셨고, 멋지게 책으로 나오게 되었다. 내가 기초를 다졌다면 편집자께서 집을 만들어주신 것과 같았다. 나는 편집자의 능력에 놀

랐다. 졸고도 좋은 편집자를 만나면 멋지게 변신할 수 있음을 이때 알게 되었다. 사실 나는 《소소하게, 독서중독》을 먼저 내고서 《꿈 잃은…》을 내려고 했다. 그러나 어디 종이책 출판이 빨리 진행되는 거 봤는가. 항상 늘 그렇듯이 천천히 진행된다. 나는 못 참았다. 그래서 전자책을 먼저 내기로 했다.

도서정가제 때문에 책 판매가 예전만큼 이루어지지 않는다는 얘기도 있다. 독자 입장에서야 책값이 비싸니 아무래도 덜 사 보겠다. 나도 그런 축에 속한다. 예전에는 떨이책이라고 해서 새 책도 싸게 살 수 있었는데, 정가제 시행으로 인해 그렇게 구입할 수 없다. 그래서 출판사에서는 그냥 폐지로 버린다고 한다. 왜냐면, 안 팔리는 책을 창고에 쌓아두면 보관비가 나가기 때문에 안 나가는 책을 그냥 버린다고 한다. 예전 같으면 그런 책을 떨이로라도 팔았을 텐데 그 점이 좀 아쉽다. 그래서 앞으로는 전자책 시장이 더욱 커질 것만 같다. 나 또한 종이책을 줄곧 고집했었는데, 요즘 들어 전자책이 점점 편해진다. 들고 다니기도 좋고, 언제든 읽을 수 있으니까 여러 이점이 있다. 가격도 더 싸다. 해서 나는 앞으로 전자책을 계속 낼 생각이다. 역으로 전자책을 먼저 출간해서 반응이 좋으면 종이책으로 가볼 생각도 있다.

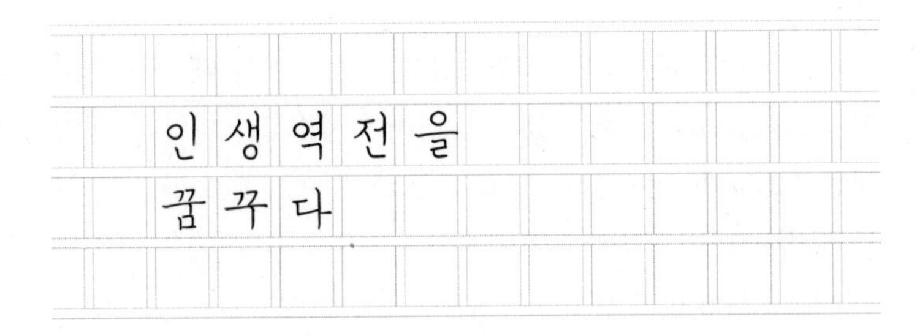

인생역전을 꿈꾸다

인생역전, 하면 떠오르는 단어는 로또다. 매주 돈 만 원씩 투자해서 인생역전을 꿈꾸는 사람들이 많다. 토요일에 로또를 사려고 긴 줄을 서기도 한다. 나도 그 대열에 끼어서 로또를 사봤는데, 이상하게 기분이 찜찜했다. 로또를 사려고 줄을 서 있는 사람들의 행색이 과히 좋지만은 않았다. 내가 불쌍하다는 느낌이 들었다. 솔직히 누가 볼까 창피했다. 로또는 거의 될 확률이 희박하다. 확률상 너무 힘들다. 될지도 안 될지도 모르는 이런 힘든 게임을 하고 싶지 않다.

나는 어릴 때 늘 게임에 중독된 상태였다. 게임을 달고 살았다. 오락실에서 살다시피 했다. 고등학교 때 일이 기억난다. 시험기간이었다. 시험공부를 하다가 머리도 식힐 겸 친구에게서 빌린 게임기를 TV에 연결해서 했다. 건담게임이었던 걸로 기억하는데, 잠시만 하려고 했는데 밤을 새웠다. 내일 당장 시험인데 그랬다. 지금 생각하면 참 아찔하다.

대학교 다닐 때도 별반 다르지 않았다. 수업은 술 마시고 들어가거나 빠지기 일쑤였다. 시험기간에 남들 공부할 때 나는 술집이나 잔디밭에서 술을 마셨다. 당연히 학사경고를 받았다. 졸업평점이 2.84였다. 특별히 A도 없고, F도 없는 C나 D로 깔았다. 지금 생각해도 참 아찔하다.

부모가 돈이 많아 물려받을 유산이 많은 것도 아니다. 뭔가 잘나서 그걸로 벌어먹을 것도 없었다. 잘 사는 친척이나 돈 많은 친한 선배가 나를 책임져줄 것도 아니었다. 그런데 왜? 왜? 나는 그렇게 인생을 막 살았는가. 지금 생각하면 참 아찔하다.

인생을 참 막 살았다. 나를 표현할 수 있는 것은 학교와 학점인데, 나는 전혀 관리하지 않았다. 토익시험을 본 적도 없다. 컴퓨터 학원비 4개월치를 내고는 딱 한 번 출석하고 만 적도 있다. 진짜 엉망이었다. 자업자득이다. 콩 심은데 콩 나고 팥 심은데 팥 난다. 흙수저로 태어났으면 열심히 해도 잘 살까 말까인데, 나는 정말 정신 나간 사람처럼 인생을 살았다.

나는 앞으로 어떻게 살아야 하나? 그냥 이 모양 이 꼴로 살다가 간다고 생각하니 뭔가 억울하기도 하고 힘이 나질 않았다. 희망이 없으면 살 힘이 나지 않는 것이다. 지금 이 나이에 다시 뭔가를 시작하기는 힘들고, 그냥 살자니 죽을 것만 같고, 과거를 후회한들 돌아오지도 않고 정말 죽을 맛이었다.

그러나 죽으란 법은 없다. 나는 결혼 후 책을 읽기 시작했고, 8년이 지나 책을 쓰기 시작했다. 내 인생을 획기적으로 바꿀 뭔가가 필요했다. 로또를 믿을 수 없었다. 뭔가 확실한 것이 없을까? 지금 내 상황에서 확실한 그 무엇이 필요했다. 바로 책읽기와 책쓰기였다. 그리하여 나는 좌우명으로 책력갱생(冊力更生: 책의 힘으로 인생을 바꾸자)을 삼았다. 그동안 헛산 삶을 책으로 보상받고자 결심한 것이다. 책이라면 가능할 듯싶었다. **현재 내 위치를 바꿔줄 뭔가는 바로 책밖에 없었다.**

보통 사람이 뜨고자 한다면 책을 써야 한다. 다른 게 없다. 로또를 사도 안 되고, 일을 죽도록 열심히 한다고 해도 거기서 거기다. 영어를 아무리 파도 잘 안 된다. 자격증을 아무리 많이 따봐라, 돈과 시간만 많이 들지 실질적으로 큰 도움이 되지 않는다. 정말 할 게 없다. 그럼 뭐 해야 하는가? 그냥 이러고 앉아서 당해야 하는가? 너무 억울하지 않은가? 과거엔 못 살았어도 지금부터라도 정신 차리고 열심히 살고 싶은데 뭔가가 필요하다면 나는 책을 추천하고 싶다.

체 게바라의 말을 좋아한다. "리얼리스트가 되자. 그러나 이루지 못할 꿈 하나는 갖자."

게리 해멀의 말도 좋아한다. "책 읽지 않는 사람은 평생을 똑같은 수준으로 부지런히 꿀벌처럼 일할 수는 있지만, 게릴라처럼 갑자기 출세하거나 사업에 성공하지는 못한다."

현실적으로 열심히는 살지만 뭔가가 필요하다. 자신을 확실히 다져주는 그 무엇. 뜰 수 있는 그 무엇. 획기적으로 인생역전이 가능한 그 무엇이 누구에게나 필요하다. 그래야 인생이 살맛나게 된다. 체 게바라의 말은 현실적으로 열심히 일하면서 살라는 말이다. 뜬 구름만 잡지 말고 회사도 열심히 다니고, 아버지로서 아들로서 의무를 다하면서 현실에 최선을 다하라는 말이다. 그러나 그것 말고 뭔가 부족한 것을 체 게바라는 알았던 것이다. 뭔가 꿈을 하나 가져보자는 거다. 큰 꿈, 부푼 희망이 필요하다는 거다. 그냥 열심히만 사는 것에서는 인생의 맛을 느낄 수 없다. 설마 이루지 못하더라도 꿈을 갖고 살자는 말이다. 나는 이것을 '책'에서 찾았다. 게리 해멀의 말도 마찬가지다. 인생을 꿀벌처럼 열심히만 살면 나중에 허망해진다. 큰 출세나 성공 없이 그저 꿀벌처럼 살지 말자는 얘기다. 뭔가 인생을 역전시킬 뭔가를 가지면 인생이 얼마나 달콤할까? 바로 책쓰기다.

그래서 나도 한 말 남기고 싶다. "**책쓰기는 보통 사람의 인생을 역전시켜준다.**" 내가 만들었지만 정말 멋진 말이라고 자찬하고 싶다. 보통 사람들이여, 책을 쓰자. 그래서 인생을 역전시키자. 그냥 꿀벌처럼 열심히만 살지 말자. 그런다고 성공이 보장되는 것도 아니다. 체 게바라의 말처럼, 게리 해멀의 말처럼 뭔가를 가지고 살자.

과거의 나는 참 비참했다. 꿈도 희망도 없이 술과 담배와 게임에 절어 살았다. 뭘 믿고 그렇게 살았나 싶다. 정말 미쳤던 거 같다. 과거를 반성한다. 그래서 나는 책을 잡았다. 책을 읽고 책을 쓰기로 결심했다. 내 인생을 역전시키려면 할 수 있는 유일한 길이 그거라 생각했다. 인생을 역전시키고 싶다, 더 이상 비참하게 살고 싶지 않다, 나도 남들처럼 멋지게 살고 싶다, 떠서 많은 사람들에게 영향력을 주는 사람이 되고 싶다, 떠서 돈도 많이 벌고 싶다, 떠서 많은 이들을 도와주고 싶다, 이런 꿈을 나는 책에서 찾았다.

블로그 이웃 중에 이은대 작가가 있다. 그는 대기업에 다니다가 나와서 사업을 시작했다. 쫄딱 망해서 감옥에도 갔다왔다. 그 후 취업이 불가하여 현재는 막노동으로 생계를 꾸리고 있다. 하지만 그는 막노동만 하지 않는다. 글을 쓴다. 그리고 2016년 기준 세 권의 책을 쓴 작가가 되었다. 막노동하면서 쉬는 날은 글쓰기 강연도 다니면서 멋진 인생을 살고 있다. 막노동꾼이 어찌 이게 가능했겠는가. 그는 책쓰기로 인생을 역전시키고 있는 중이다. 분명 그는 완벽하게 역전시킬 것이다. 나는 그것을 확신하고 있다. 여러분도 가능하다. 누구나 가능하다. 책만 쓰면 된다. 책을 쓰자. 로또는 그만 사자. (2017년, 이제 그는 막노동에서 벗어났다. 그는 현재 강사로서 활동하고 있다. 책이 인생을 역전시켜준 산 증인이다. 그가 쓴 책의 일독을 권한다.)

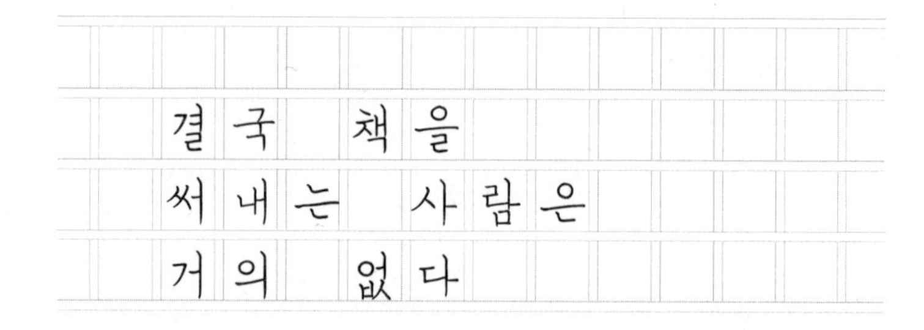

많은 사람들이 책을 쓰려고 덤벼들지만 결국 책을 써내는 사람은 극소수다. 모든 일이 다 그렇지만 끝까지 해내는 이들은 극소수다. 요즘 책쓰기 강의가 많이 생겨나고 있는 것을 보면 얼마나 많은 사람들이 책쓰기에 관심이 있는지 알 수 있다. 특별한 자격증이나 기술을 배우는 것과 마찬가지로 자신의 몸값을 올리기 위해 책을 쓰는 사람들이 늘고 있는 것이다. 책이라도 한 권 냈으면 아무래도 이력서를 쓸 때 뭔가 있어 보이지 않는가.

처음부터 급하게 도전하는 사람들은 책을 쓰지 못한다. 차근차근 밟아야 한다. 아무리 급하게 하려고 해도 안 되는 게 책쓰기다. 다 때가 있다. 열정만 가지고 할 수도 없다. 원고도 좋아야 하고, 출판사도 잘 만나야 하고, 트렌드도 받쳐줘야 책이 나올 수 있다. 나만 열심히 쓴다고 해서 나올 수 있는 게 아니다.

좋은 책쓰기 강의를 들었다고 자신감이 충천하여도 곧바로 책이 나오는 것은 아니다. 결국 시들해질 것이다. 원고가 만들어지는 데도 시간이 걸릴 것이고, 출판사에 노크를 해서 출판계약을 하기까지도 많은 시간이 걸릴 것이다. 죽어라 열심히 하지 말자. 열심히 할수록 지친다. 언젠가는 되려니 하고 서서히 진행해나가야 책이 되는 거지 빡세게 해봤자 자기만 나가떨어진다.

책쓰기에 관한 강의를 다 듣고, 책쓰기에 관한 책을 다 읽었더라도 책을 쓸 수 없다. 매일 꾸준히 원고를 쓰는 것이 이루어지지 않는다면 책을 낼 수 없다. 아무리 사회 트렌드가 누구나 책을 내는 세상이라도 쓰지 않으면 책을 낼 수 없다. 써야 한다. 오늘도 쓰고, 내일도 써야 책이 나온다. 물론, 쓴다고 해서 다 책이 되는 것은 아니다. 아무리 열심히 써도 출판사에서 선택해주지 않으면 책이 되지 못한다. 그게 싫어서 자비출판을 하거나 편집자 없는 전자출판을 하기도 한다. 그러나 공식적으로 데뷔하고자 한다면 반드시 편집자를 거쳐서 출판을 해야 한다. 이것도 저것도 싫다면 그냥 자비출판하자. 자비출판으로도 성공한 사람들이 꽤 된다.

제일 힘든 일은 출판사에 노크할 때다. 나름 괜찮은 원고라고 생각했는데 100곳의 출판사를 노크해도 소식이 감감할 때 어떻게 버티겠는가. 200곳의 출판사에서 퇴짜를 맞았을 때 무슨 좋은 수가 있는가? 그렇게 계속 퇴짜를 맞아가며 원고를 돌릴 자신이 있는가? 이 원고를 쓰면서도 사실 걱정된다. 이 원고를 받아줄 출판사가 있을까? 편집자가 있을까? 고민된다. 그럼에도 불구하고 나는 매일 원고를 만들고 있다.

많은 이들이 원고를 완성하지 못하고 도중 포기한다. 원고를 다 만들고도 출판사를 만나지 못해 출간을 포기하는 사람들도 있다. **진짜 끝까지 해보는 사람만이 책을 낼 수 있다.** 망가지고 얻어터져도 버텨낼 수 있어야 책이 나오는 거다.

책쓰기는 지난한 작업이다. 출판사에 퇴짜 맞는 일도 힘들지만 여러 번 퇴고의 과정을 겪는 것도 곤혹이다. 같은 내용을 반복해서 읽어보라. 정말 지겨워진다. 넌덜머리가 난다. 다시는 보기 싫어진다. 내 책인데도 그런 마음이 생긴다. 읽을수록 못 쓴 거 같고, 짜증이 나고, 어디에 숨어버리고 싶기도 하다. 원고 전체가 마음에 들지 않아 박박 찢고 다시 원고를 쓰고 싶은 마음도 생긴다. 완벽해지려고 하는 건데, 우리가 피해야 할 것이다. 완벽한 사람이 어디 있는가. 완벽한 글도 없다. 무슨 예술 작품 만들듯이 글을 쓰는가. 그냥 대충 휘갈겨라. 독자들은 그냥 저자가 쓴 대로 읽을 뿐이다. 정말 못 쓰면 안티도 생기겠지만 뭘 그리 신경 쓰는가, 개가 짖는다고 생각하면 그만이다.

잘 쓰려고 하니까 끝까지 못하는 거다. 그냥 편한 친구에게 얘기하듯 쓰면 된다. 문어체가 마음에 들지 않으면 구어체로 원고를 써도 된다. "야, 내가 첫 책을 썼잖아. 내가 그때 느꼈던 것을 알려줄게. 뭐 내가 말하는 게 정답은 아닐 거야. 한 번 들어봐 줘. 듣고 좋으면 참고하면 되고, 아니면 말고." 뭐 어떤가? 내 책도 내 맘대로 못 쓰는가. 그런 배짱쯤은 있어야 책을 쓸 수 있다.

책 내는 것을 간단하게 정리해보면 이렇다.

1. 원고를 쓴다. (글자크기 10포인트로 A4 100쪽)
2. 출판사에 원고를 돌린다. (이메일로 될 때까지 돌린다. 대한민국 출판사의 문은 다 두드리겠다는 의지 정도는 있어야 한다)
3. 편집자와 상의해서 잘 퇴고한다.
4. 책 나오기를 기다린다.
5. 서점에 가서 내 책이 진열되어 있는 것을 보고 감상한다.
6. 또 다른 원고를 시작해 두 번째 책을 시작한다.

1번부터 6번까지 전체적으로 기간을 보면 대략 이렇다. 원고를 다 쓰는데 약 3개월에서 6개월이 걸린다. 출판사와 계약을 맺을 때까지 빠르면 일주일 늦으면 6개월. 퇴고와 책이 나올 때까지 보통 6개월. 도합 1년 6개월 정도 걸린다. 대충 빨리하면 약 1년 걸린다. 이렇게 한 권의 책이 나오려면 적어도 1년은 투자해야 한다. 이걸 버티면 책을 낼 수 있고, 못 버티면 '내 주제에 책은 무슨…' 하면서 포기하게 된다. 그래서 책을 내는 사람이 거의 없다. 요즘 아무리 책을 내는 사람이 많다고는 하나 책 읽는 사람의 수보다는 훨씬 적다. 이 정도 걸릴 시간에 차라리 영어공부를 하든지 자격증 공부를 하는 게 더 나을지도 모른다. 될지 안 될지도 모르는 책쓰기에 이렇게 많은 시간을 투자하려니 부담스럽기만 하다. 그래서 책 내는 사람이 극소수인 것이다. 이런 거 다 감안해도 그래도 책을 내고 싶은 사람만이 낼 수 있다. 최대한 빨리 책을 내기 위해 '뭐? 1년? 너무 긴 거 아니야? 난 6개월 만에 책을 내고야 말겠어'라고 결심하는 독자도 있을 것이다. 한번 해봐라. 금방 나가떨어진다. 고수는 된다. 3개월 만에도 책 한 권 뚝딱 만들어낼 수 있다. 그러나 초짜는 안 된다. 몇 년 준비해야 할 수 있다. 그러니 오기나 독기가 없으면 책 낼 생각을 하지 말자. 시간만 낭비할 뿐이다. 내 말에 욱하는 독자가 있다면 열심히 자신의 원고나 쓸 일이지, 내 블로그에 와서 악성댓글 달 생각은 하지 말자. 나는 그저 '히히히' 웃어버릴 테니까.

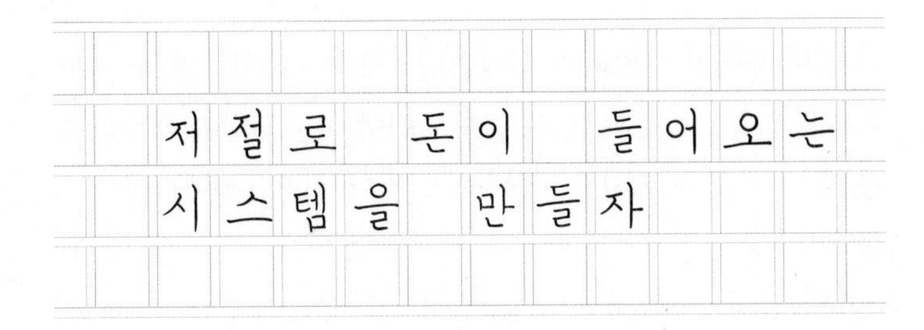

저절로 돈이 들어오는 시스템을 만들자

오늘 회사를 나가지 않아도 월급 나오는 데는 지장 없다. 하지만 이틀, 삼일로 기간이 늘어나면 월급 나오는데 문제가 생긴다. 월급쟁이들은 한 달 벌어 한 달 먹고 산다. 뭐 하루야 괜찮겠지만 쉬는 날이 길어지면 월급을 제대로 받을 수 없다. 그나마 월급쟁이는 다행이다. 일용직은 더 비참하다. 하루 일을 나가지 않으면 그날은 공친다. 돈이 안 들어온다. 하루 일한 만큼만 돈이 들어온다. 일당쟁이들의 비극이다. 월급쟁이든 일당쟁이든 몸을 놀리지 않으면 돈은 들어오지 않는다. 몸을 놀려야만 그에 대한 보상을 받을 수 있다. 다시 말해 놀면 못 받는다. 몸이 아프면 돈을 벌 수 없다. 몸이 돈이다. 돈을 버는 수단이 바로 몸이다.

밀림으로 가보자. 표범이 한 마리 있다. 그는 매일 초식동물들을 잡아먹고 있다. 그러던 어느 날 몸이 아파서 하루 종일 쫄쫄 굶었다. 내일 몸이 낫는다는 보장도 없다. 내일 몸이 낫지 않으면 내일도 쫄쫄 굶어야 한다. 몸을 놀리지 않으면 먹이를 구할 수 없다. 어느 다른 표범이 와서 먹이를 던져주지도 않는다. 엄마 표범은 이미 헤어진 지 오래라 살았는지 죽었는지조차 모른다. 아빠 표범은 얼굴도 모른다. 어서 몸이 나아야 사냥을 나가 고기를 먹을 수 있을 텐데. 고기를 저장하지도 않아 무조건 잡아야만 먹고 살 수 있다.

비록 밀림의 표범을 예로 들었지만, 우리의 삶과 별반 다르지 않다. 몸을 놀리지 않으면 굶어죽게 되는 표범과 인간이 뭐가 다르단 말인가.

내가 일하지 않으면 먹고 살 수 없다. 부자들은 돈으로 돈을 벌어서 먹고 산다. 그들은 노동하지 않는다. 가난한 사람은 몸으로 돈을 벌고, 부자는 그들을 이용해 돈을 번다. 그래서 다들 돈돈 하면서 돈을 벌기 위해 몸을 놀리고 있는 것이다. 죽도록 돈을 벌 수 있는 돈을 벌기 위해 몸을 놀리지만 그게 그렇게 쉽지는 않다. 정작 돈을 벌기 위한 돈을 번 후에는 몸에 이상이 생겨 병원에 눕든지 저세상으로 떠나게 된다. 뭔가 비참하다는 생각이 든다. 뭔가 맞지 않다. 그냥 돈을 포기하고 그럭저럭 살다가 가는 게 더 낫지 않을까.

흙수저를 입에 물고 태어난 이들은 이런 세상이 난감하기만 하다. 돈을 모으기 위해 돈을 버는데, 들어가는 돈이 만만치 않다. 월세도 내야 하고 버스비에 밥도 먹어야 몸을 놀릴 수 있다. 은행에서 빌린 대학 학자금도 갚을라치면 정작 남는 게 없다. 돈을 벌 수 있는 돈을 모으기가 만만치 않다. 하루 먹고 살기도 팍팍한데 언감생심이다. 어쩐다?

꼭 돈만 있어야 돈을 벌 수 있는 것은 아니다. 다른 돈 버는 시스템을 구축하면 된다. 내가 말하는 돈 버는 시스템은 돈이 없어도 만들 수 있다. 그러니까 흙수저들에게는 희소식이다. 책을 쓰면 된다. **책은 돈 버는 시스템을 구축하는 것과 같다.** 책을 한 권 딱 내놓으면 자동적으로 책이 돈을 벌어다 준다. 몸을 놀리지 않아도 책이 알아서 돈을 벌어다 준다. 작곡가가 인기곡을 만들어 저작료를 받아 챙기는 것과 비슷한 거다. 음악적 소질이 있으면 작곡을 해서 저작료를 받으면 되고, 글에 솜씨가 있으면 책을 쓰면 된다. 그림에 소질이 있거나 사진에 소질이 있으면 그림을 그리거나 사진을 찍으면 된다. 이게 바로 돈을 벌어다주는 시스템을 구축하는 거다. 일단 한 번 해놓으면 평생도록 신경 쓰지 않아도 알아서 굴러가게 된다. 건물주가 편할 것 같은가. 세입자들이 뭐 고쳐달라, 뭐 해달라, 돈을 제때 입금 안 하면 돈 받으러 다니고 이래저래 신경 쓸 거리가 엄청나다. 다 몸을 놀려야 하는 거다. 그러나 책은 어떠한가? 일단 한 권 써 놓기만 하면 알아서 돈이 입금된다. 전혀 신경 쓸 필요가 없다. 이보다 더 강력한 돈 버는 시스템이 어디 있는가? 그래서 책을 써야 한다.

돈이 돈을 벌어주는 시스템도 마찬가지로 신경을 참 많이 써야 한다. 얼마 전 영국이 유럽연합에서 탈퇴를 한다고 했을 때 주가는 폭락했다. 주식을 하던 친구는 하루아침에 그냥 앉아서 돈

500만 원을 손해 봤다. 영국이 탈퇴한다는 소문이 이미 있었지만 친구는 크게 신경쓰지 않았던 것이다. 돈이 돈을 벌려면 신경을 써야 하는데 직무유기였다. 그러므로 그는 돈 500만 원을 앉은 자리에서 잃었다. 으앙, 어쩐다. 그냥 묻어두고 한 1년 있으면 다시 복구할 수 있을까? 주식도 돈이 저절로 들어오는 시스템은 아닌 것이다. 다 신경을 써주어야만 한다.

아는 건물주가 있다. 월세를 놓아서 그걸 받아 먹고 산다. 출근도 하지 않는다. 내가 보기엔 그냥 저냥 노는 팔자 좋은 양반이다. 그러나 이들에게도 고민이 있었다. 수금이 제대로 안 된다는 거였다. 이번 달에 들어올 돈이 500만 원이라면 그게 제때 들어온 적이 단 한 번도 없다고 했다. 나가야 할 돈은 정해져 있는데 수금이 제대로 되지 않으니 고민인 거다. 돈으로 돈을 버는 시스템을 만들었지만 그는 매달 고민을 한다. 신경을 써야 한다.

나는 책을 냈다. 물론 아직까지 인세로 먹고 살지는 못한다. 아직 뜬 책도 없고 네이버에 내 이름을 쳐도 인물검색에 노출되지 않는다. 다른 일로 생계를 꾸리고 있다. 그리고 책을 몇 권 출간했다. 그 책들로부터 인세가 입금된다. 출판사에서 알아서 내 통장에 입금시켜준다. 물론 매달 일정한 돈이 들어오는 것은 아니다. 그러나 나는 전혀 신경쓰고 있지 않다. 이젠 첫 책의 내용도 가물가물하다. 두 번 째 책도 그렇고 나머지 책들도 그렇다. 앞으로 낼 책에 관심이 있지 낸 책에 대해서는 내 손을 떠났기에 관심이 없다. 그럼에도 불구하고 인세는 들어온다. 돈 없이 돈을 버는 시스템을 구축해놓은 것이다. 앞으로 출판되는 책이 한 권씩 쌓일 때마다 인세는 점점 불어날 것이다. 그러다 펑하고 뜨면 대박 나는 거고, 그걸로 먹고 살 수 있고 유명세도 치를 수 있게 된다. 이게 바로 돈이 저절로 굴러들어오는 시스템이다.

언제까지 월급만으로 살 것인가. 돈 투자 없이 돈이 들어오는 시스템을 구축해놓는 것은 어떨까? 내가 일하지 않아도 한 번 딱 해놓으면 알아서 내가 죽을 때까지 돈이 들어오는 시스템은 얼마나 매력적인가. 누구나 할 수 있다. 물론 단박에 되지는 않는다. 그러나 일단 구축해놓으면 야금야금 돈은 들어온다. 박리다매로 더 많은 책을 내면 더 많이 들어온다. 흙수저로 태어났다면 한 번 노려봄 직하지 않은가. 사실 다른 뾰족한 수도 없다. 내가 볼 때 이게 최고의 돈 버는 시스템이라는 생각이다. 시간이 지날수록 더욱 늘어나는 수익. 이렇게 좋은 수익률을 자랑하는 게 어디 있는가? 원금보장에 시간이 가면 나에게 유리한 게임이 바로 책쓰기다. 어디 돈뿐인가? 유명해질 수도 있다.

많은 사람들이 자기계발에 열정을 다한다. 퇴근 후 영어 학원에 다니거나, 주말을 이용해서 자격증 공부를 한다. 자신의 시간을 쪼개서 투자하는 거다. 대단하다. 그러나 본질적으로 정말 하고 싶은 일인가 질문을 해보자. 영어학원에 다니는 이유가 뭔가? 정말 영어가 좋아서 하는 일인가? 남들 하니까, 회사에서 진급해야 하니까 하는 일 아닌가. 정작 좋아하는 일은 따로 있는데 그러고 있는 거 아닌가. 그래, 물론 해야 할 일이 있다. 해야 할 일은 해야만 한다. 그러나 자신이 하고 싶은 일을 포기한 채로 해야 할 일만 하고 사는 건 아닌지. 지금 당장 행복하지 않는데, 미래엔 행복할까? 그 미래에 가선 더 미래를 위해 행복을 담보로 또 하고 싶지 않은 일을 하면서 사는 건 아닐까.

자기계발에 열심이다 보니 MBA를 딴다든지, 박사를 따기 위해 대학원을 다니는 사람들도 많다. 불안하니까 뭐라도 해야 안심이 되는 거다. 그래도 경영학 석사나 박사를 따면 안심이 되니까 돈을 들여 시간을 들여 학교를 다시 다닌다. 그런데, 그것이

과연 옳은 방법일까? 나도 고민을 많이 했다. 업계에 오래 있어서 이제 기술사 자격증을 딸 수 있는 조건이 되었다. 기술사 자격증을 따면 업계에서 알아준다. 일단 전문가 대접을 받을 수 있다. 그런데 나는 그 공부를 하고 싶지 않다. 나는 다른 공부를 하고 싶다. 역사, 철학, 교양, 성공학, 인문 등의 공부가 더 당긴다. 하고 싶은 공부를 할 것인가? 하기 싫은 공부를 할 것인가? 고민을 참 많이 했다.

아직까지 100% 확신있는 결론은 아니지만 그래도 결론을 어느 정도 내린 상태다. 나는 책을 쓰기로 결심했다. 좋아하는 공부를 해서 책을 쓰기로 결심했다. 대학원에 다니는 것을 포기했다. 기술사 공부를 포기했다. 그 공부 할 시간에 내가 하고 싶은 공부를 하고자 결심했다. 억지로 떠미는 삶을 살고 있는데, 내가 하고 싶은 거 하나쯤은 있어야 하지 않겠는가. 너무도 억울했다. 가만히 생각해보면 나이가 들수록 내 마음대로 할 수 있는 일이 점점 줄어들고 있다. 정작 나를 위한 일을 나는 얼마나 하고 있는가. 나를 위해 나는 뭘 하고 있는가. 이 질문에 다다르자 나는 나를 너무 학대하고 있었다.

물론 기술사나 석사 박사가 되면 좋다. 승진에도 유리하고 연봉도 오르고 여기저기 스카웃 제의도 들어올 것이며 다른 회사도 더 쉽게 취직할 수 있을 것이다. 이런 사실을 다 알지만 나는 포기하기로 했다. 이제 억지로 뭔가를 하지 않기로 했다. 출세를 위한 공부를 하지 않기로 했다. 정말 내가 좋아하는 일, 내가 하고 싶은 일을 하기로 한 것이다. 기술사가 되었다 치자. 행복할까? 별로 행복할 거 같지 않다. 공부하는 과정이 행복할까? 분명 인상 쓰면서 할 것이다. 그러나 내가 매일 하고 있는 공부와 글쓰기는 그 과정 자체가 나를 행복하게 만들어준다. 나는 그 과정을 즐긴다.

내가 고민을 할 때 나에게 도움을 준 책이 있다. 조관일 선생이 쓴《나이가 경쟁력이 되게 하라》라는 책이다. 여기에 이런 말이 나온다.

> 그까짓(?) 논문 한 편 써서 되는 박사과정을 할 바에는 차라리 그 기간, 그 노력으로 책을 몇 권 더 쓰는 게 낫다는 것이 지론이었다. (p.69)

나에게 결정적인 말이었다. 남들에게 보여주기 좋은 허울보다 남들에게 보여줄 것은 없지만 나에게 기쁨을 주는 공부를 하기로 결심했다. 물론 회사의 동료가 또는 후배가 기술사, 석사, 박사를 따면 배가 살짝 아플 것 같기는 하다. 내 자리가 위태로울 수도 있다. 그럼에도 불구하고 나는 당장의 행복을 추구하기로 결심했다.

사람은 한 번 왔다가 한 번 간다. 두 번 오지 못한다. 연습이 없다. 매순간 실전이다. 미래를 담보로 얼마나 나의 소중한 것들을 무시하고 잊고 살았는가. 그 결과 지금 행복한가? 지금까지 내 삶은 나를 억누르고 억제하는 삶이었다. 그 결과 지금은 행복한가? 아니다. 확실히 아니다. 이제 알았다. 억누르는 삶은 미래를 행복하게 만들어주지 못한다. 그냥 미래를 위해 매일 오늘을 희생할 뿐인 거다. 결국 죽음만이 기다릴 뿐이다.

고등학교 친구가 있다. 그 친구는 자신이 하고 싶은 일은 거의 다 한다. 한 번은 그에게 물었다. "야, 너는 왜 인생을 막 사냐? 한 번뿐인 인생인데 너무 막가는 거 아냐?" 그 친구는 이 말을 듣고 다음과 같이 말했다. "야, 인생이 한 번뿐이니까 이렇게 사는 거야." 나는 친구의 말을 듣고 머리가 띵했다. 그렇다. 인생이 한 번뿐인데 왜 나는 매일 나를 억누르고 살았을까? 한 번뿐인 인생이라서 어떤 사람은 조심조심 걷고, 어떤 사람은 하고 싶은 일 하면서 살고, 같은 '한 번뿐인 인생'인데 참 대하는 태도가 다르다.

모든 것을 극으로 치달을 수는 없다. 중도가 좋다. 하고 싶은 일만 하면서도 살 수 없고, 해야 할 일만 하면서도 살 수 없다. 그 중간을 택해야 한다. 따라서 체 게바라 선생의 말이 여기에 또 적용된다. "리얼리스트가 되어라. 그러나 이루지 못할 꿈 하나 정도는 가슴에 품고 살아라." 현실에서 해야 할 일을 하면서 살자. 회사도 다니고, 가족도 부양하고, 자식으로서 아버지로서 남편으로서 해야 할 일에 최선을 다하자. 다만 내가 하고 싶은 그 어떤 무엇은 절대로 포기하지 말자. 매일 조금씩이라도 꼭 하면서 내 행복을 찾자. 미래를 담보로 오늘을 죽이지 말자. **오늘이 행복하지 않으면 미래도 행복하지 않다.** 그동안 미래를 위해 오늘을 얼마나 죽여 왔는가. 그럼에도 불구하고 과거의 미래였던 오늘이 행복한가? 아니다. 그래, 오늘이 행복해야 미래도 행복한 거다. 설사 미래가 행복하지 않더라도 오늘 행복하면 그만 아닌가. 천년만년 살 것도 아닌데 너무 죽상 쓰면서 살지 말자. 이제 나이 마흔이 넘었다. 인생을 반이나 살았다. 이제 반 남았다. 길어야 40~50년이다. 얼마나 더 오래 살려고 하기도 싫은 공부 하면서 살 것인가. 이제부터라도 하고 싶은 공부하면서 살자.

본인이 원하는 공부를 해야 스스로의 힘으로 설 수 있다. 남에 의해, 환경에 의해 공부를 하면 결국 그것들에 의해 휘둘리게 된다. 정말로 내 것이 아니기 때문이다. 하기 싫지만 남들이 부러워할 만한 일을 해서 성공했다고 치자. 결코 행복하지 않을 것이다. 그러나 내가 하고 싶은 일을 해서 성공하지 못했다고 치자. 결코 불행하다고 할 수 없을 것이다. 이래도 저래도 행복하지 않는데, 기왕이면 하고 싶은 일 하는 게 더 낫지 않을까 싶다.

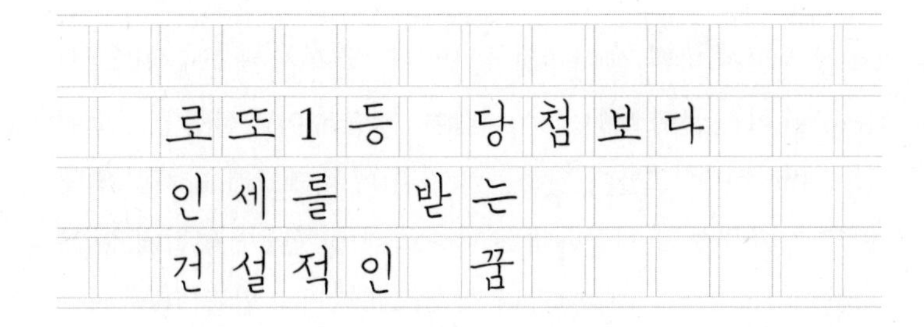

로또1등 당첨보다 인세를 받는 건설적인 꿈

책쓰는 사람이라면 누구나 인세에 관심이 많다. 책을 왜 쓰는가? 자기 이름을 영원히 남기고 싶은 욕망도 있지만, 현실적으로 돈이 되니까 하는 거다. 자, 거짓말 하지 말자. 돈이 안 되는 책은 출판되지 않을 것이다. 아니, 거의 출판되지 않을 것이다. 출판사도 다 돈이 되니까 하는 거다. 그러니까 솔직하게 말하자. 글쓰는 사람들은 다는 아니지만 어느 정도 인세에 대해서 관심이 지대하다. 자본주의 사회에서 어느 누구도 부정할 수 없다.

작가는 무엇인가? 글로 벌어먹는 사람이다. 금액이 적든 많든 글을 써서 돈을 만드는 사람들이 바로 작가다. 베스트셀러 작가가 되면 작가일 만으로도 생계를 해결할 수 있으니 많은 작가들이 베스트셀러를 꿈꾼다. 이런 꿈이 세속적이고 유치하고 남에게 손가락질받을 만한 꿈인가? 나는 그렇게 생각하지 않는다. 매주 로또를 사면서 1등 당첨되는 게 꿈이다, 라고 말하는 것보다야 천 번 만 번 낫다. 작가가 글을 써서 베스트셀러의 꿈을 갖는 것은 열심히 살고 싶다는 방증이다. 열심히 공부해서 전교1등 하고 싶은 꿈이 나쁜 건 아니잖아. 열심히 글 써서 베스트셀러돼서 돈 많이 버는 꿈이 나쁜 건 아니잖아. 그런데 어떤 사람들은 그런 꿈을 비하한다. 그들이 원하는 작가란 마치 고고한 학처럼 엄청난 것을 추구하고 엄청나게 고귀하고 뭐 엄청나게 윗길에 선 사람들이라고 말하는가 본데, 다 헛소리고 작가도 밥 먹고 똥 싸는 같은 인간일 뿐이다. 돈 벌어서 애 키우고 싶고, 돈 많이 벌어서 가족과 여행도 다니고 싶은 같은 사람일 뿐이다. 그러니 작가의 꿈이 베스트셀러 작가가 된다는 것은 어찌 보면 당연한 꿈이다.

매주 로또를 사는 사람들이 있다. 같은 번호를 써 놓고 다니면서 매주 그 번호를 사는 사람들도 있고, 매주 자동으로 번호를 배당 받는 경우도 있다. 또 한편으로는 로또 공부를 해서 요일에 따라, 날짜에 따라 번호를 달리 찍는 로또 공부족들도 있다. 그들의 꿈은 1등 당첨이다. 1등 되어서 10억 이상 되는 돈 받아서 떵떵거리며 사는 게 그들의 소망이다. 우리는 이런 사람들을 보면서 욕한다. 일확천금을 노리지 마라, 열심히 노력해서 돈을 벌어야지 쉽게 번 돈은 쉽게 나간다고 욕한다. 뭐 적은 금액으로 재미있을 정도만 하면 누가 욕하겠는가. 그런데 이런 욕을 베스트셀러 작가를 꿈꾸는 사람들에게는 하지는 말자. 건설적인 꿈이다. 글로 성공하고자 한다는데 웬 태클인가. 아니 작가면 늘 이렇게 말해야 하는가? "좋은 글로 많은 사람들에게 좋은 영향을 주고 싶습니다." 개코나. 그 뒤에는 괄호 열고 이런 말이 숨어 있다. 그 영향의 대가로 많은 돈은 당연한 거지요. 괄호 닫고.

책쓰는 사람이면 이런 욕심을 가져볼 만하다. 인세로만 생계를 해결하고 싶다. 조앤 롤링처럼 1조 원 벌어서 떵떵거리며 살고 싶다. 프랑스의 한 호텔에 가서 원고를 집필하고 싶고, 런던의 한 카페에서 글을 쓰고 싶다. 100평짜리 집에 30평짜리 서재를 만들어서 그 속에서 책을 읽고 글을 쓰고 싶다. 뭐 어떤가. 열심히 글 써서 자기 분야에서 일가를 이루고 싶다는 건데 뭐가 잘못되었는가? 뭐 너무 세속적인 거 아니냐, 너는 작가로서 자격이 없다, 라고 말하는 사람들은 모두 거짓말쟁이다. 그리고 그런 사람들은 절대로 책을 낼 수 없다. 돈 안 되는 글에 어느 출판사가 책을 내주겠는가. 그냥 혼자 일기나 쓰는 게 더 낫다.

첫 책의 내용이 점점 생각나지 않는다. 거의 관심을 꺼둔 상태다. 그럼에도 불구하고 첫 책은 나를 위해서 돈을 벌어주고 있다. 대박을 쳤으면 더 많은 돈을 벌어다주었을 것이다. 대박은 아니지만 돈은 들어온다. 나는 일절 10원 한 장 투자하지 않았다.

주식 공부할 시간에, 땅 투자 공부할 시간에 책쓰기에 대해 조금이라도 시간을 낸다면 어떨까? 되지도 않는 공부하지 말고 자신만의 공부를 하는 거다. 물론 주식, 땅 공부가 재미있으면 그렇게 하면 된다. 그것으로 책을 써도 된다. 나도 한때 주식공부를 했고 땅 공부를 했었다. 세무사 자격증에 관심도 있어 세법, 회계 공부도 했었다. 근데 재미가 없었다. 땅 공부 할 때는 그래도 재미있었다. 정말 돈 될 만한 땅, 아파트가 사고 싶었다. 주식공부 할 때도 야금야금 수익을 낼 수 있는 프로그램을 만들어 사용했다. 근데 주식이든 땅이든 돈이 필요했다. 주식은 소액으로도 가능했지만 소액으로 신경쓰는 노력대비 성과가 초라했다. 땅은 금액단위가 커서 엄두도 내지 못했다.

그에 반해 책은 어떤가? 주식, 부동산 공부할 때보다 더 가뿐하다. 신경이 그리 쓰이지 않는다. 원고 한 장씩 써낼 때마다 이기는 게임을 하고 있다. 아, 이 글자들이 모여서 나중에 나에게 돈을 안겨 주겠구나 싶다. 글자 하나당 0.0001원 하겠지만 모이면 제법 돈이 된다. 승률 100%의 게임이 바로 책쓰기다.

소위 빠꾸가 없다는 것은 엄청난 매력이다. 노력만 하고 시간만 지나간다면 돈은 들어온다. 마이너스 수익률이 없다. 시간이 내 편이다. 시간만 지나면 돈은 점점 불어나게 된다. 책을 한 권 더 쓰면 더 늘어난다. 심심하니까 공부해서 또 한 권 써내면 그게 또 돈을 벌어다 준다. 이보다 강력한 재테크가 어디 있는가?

주식공부도 부동산공부도 다 해봤다. 책쓰기도 해봤다. 결론적으로 책쓰기가 제일 낫다. 주식공부, 부동산공부가 재미있으면 계속 그걸 하면 된다. 근데 재미도 없으면서 남들 재테크한다니까 따라하지 말자. 털린다. 책을 써보자. **일단 첫 책을 내는 것을 목표로 삼자.**

책쓰기 위해 직장을 그만둘까?

책 한 권 썼다고 인생역전을 꿈꾸지는 말자. 책쓰기는 그냥 책쓰기일 뿐이다. 책 써서는 회사 그만둘 정도로 벌지 못한다. 물론 첫 책에 대박 나는 사람들도 있다. 그러나 대부분은 첫 책으로 인생역전이 불가능하다. 그냥 다니던 회사는 계속 잘 다녀야 한다.

나는 책을 읽고 글을 쓰면서 작가라는 꿈이 생겼다. 회사를 다니고 있는 상황이었다. 정말 글만 쓰고 싶었다. 회사에서 내려오는 과업, 성과보고서, 실적 등등의 스트레스에서 벗어나고 싶었다. 내가 좋아하는 공부하면서 책쓰면서 살고 싶었다. 회사를 그만둘까? 글만 써서 벌어먹고 살 수 있을까? 심각하게 고민했다.

결론은 '아직은 아니다' 였다. 첫 책으로 운 좋게 떠서 돈을 많이 벌었으면 지금 다니는 직장을 그만두었을 것이다. 그러나 첫 책은 생각만큼 뜨지 못했고, 돈벌이가 시원치 않았다. 다니던 직장 열심히 다녀야 할 판이다. 직장일 하면서 글을 쓰자니 시간이 부족했다. 글만 쓰고 싶은데 돈이 안 되니 어쩔 수 없이 회사를 다녀야 했다. 그러면 업무 강도가 좀 낮고, 내 시간 확보가 충분한 다른 직장을 구해볼까? 괜찮을까?

결론은 '아니다' 였다. 그냥 다니던 직장을 다니면서 틈새시간을 노려 글을 쓰는 게 더 낫다는 결론이었다. 직업 환경이 바뀌면 거기 적응하느라 글쓸 시간이 없을 것이다. 또한 지금 버는 돈보다 적게 버니 금전적 압박이 심해질 것이다. 그런 스트레스로 글이 더 잘 써진다는 보장이 없었다. 현재 일을 열심히 하되, 틈새시간을 노려 글을 쓰는 편이 더 낫다는 생각이었다.

내 계획은 이렇다. 지금 다니는 직장을 열심히 다니면서 틈틈이 글을 써서 책을 낸다. 그렇게 꾸준히 계속 낸다. 1년에 적어도 1권은 낸다. 그렇게 10권 정도 내게 되면 어느 정도 중견반열에 들게 된다. 그 동안 뜨는 책도 있을 것이고 수입이 제법 늘 것이다. 지금 버는 수입보다 훨씬 많을 때가 바로 직장을 그만둘 타이밍이다. 늦게 찾은 꿈을 위해 현실을 외면한 채 꿈만 보고 갈 수는 없다. 무책임한 행동이다. 누군가 그랬다.

"책을 써서 부자가 될 수는 있어도 생계를 해결할 수는 없다."

심오한 말이다. 생계를 해결하기 위해 책쓰기는 절대로 할 수 없다. 생계를 위해, 책쓰기를 위해 다른 일을 하는 거다. 그러다 재수가 좋으면 쓴 책이 떠서 부자가 될 수 있다. 그러니 책쓰기 위해 직장을 그만두지 말자. **생계를 해결하면서 글을 써야 오래**

쓸 수 있다. 생계를 글쓰기에 온전히 달아놓게 되면 글쓰기 압박이 커질 수밖에 없다. 글이 안 나온다. 마음만 조급해져서 글이 쏙 들어가 버린다.

전업작가가 말이 좋아 전업작가지 사실 백수다. 남들이 보기에는 하는 일 없이 돌아다니는 것처럼 보인다. 그나마 인세라도 두둑이 받으면 모를까 거의 궁색하기 그지없다. 요즘 트렌드는 투잡, 쓰리잡이다. 하나만 가지고는 못 산다. 그러니 낮에는 회사 다니고, 밤에는 글쓰는 작가모드로 들어가는 게 좋을 듯싶다.

배우자의 돈벌이가 괜찮다면 회사를 그만두어도 좋다. 그러나 백수라는 꼬리표는 감내해야 한다. (남자의 입장에서) 처가에서 장모에게 백수라고 한 대 맞아도 꿋꿋이 버틸 수 있으면 된다. 그게 힘들 거 같으면 그냥 다니자. 괜히 글 쓴다고 껄렁거리지 말고 회사나 다니자. 글 쓴다는 건 나중에 알려도 된다. 뜨지도 않은 상황에서 작가라고 껄렁대면 어느 장모가 좋아하겠는가. 말이 좋아 작가지 딱 백수다. 자기 딸 고생시키는 게 눈에 훤하다.

꿈을 찾았다고 덜컥 꿈만 향해 가서는 안 된다. 체 게바라 선생의 말이 또 떠오른다. "리얼리스트가 되어라. 그러나 이루지 못할 꿈 하나는 간직해라." 현실을 도피해서 꿈을 찾아가는 것은 위험스럽기 짝이 없다. 일가를 이루었으면 거기에 합당한 책임을 져야 한다. 혼자라면 다 제쳐두고 꿈만 향해 가도 된다. 그러나 가족을 이루었다면 가족부터 책임지고 꿈을 찾아야 한다.

나 또한 작가라는 꿈이 너무도 늦게 생겼다. 회사 다니기가 싫어졌다. 꿈이 생기니까 현실이 싫어졌다. 딴 세상에 온 느낌이었다. 내 옷을 입은 거 같지 않았다. 오히려 꿈이 생기자 현실이 싫어졌다. 만약 꿈이 없었더라면 그저 현실에 안주하면서 아무 고민 없이 살았을 텐데, 반대로 꿈이 생기자 현실이 힘들어졌다. 꿈만 향해 나아가고 싶었다. 아내가 돈을 많이 벌었으면 정말 회사를 그만두고 내 꿈만을 향해 나아가고 싶었다. 그러나 현실은 그러지 못했다. 내가 돈을 벌지 않으면 우리집은 파산하게 된다. 나는 돈을 벌어야만 했다. 꿈에 몰입할 수 없었다. 가끔은 현실에 너무 집중한 나머지 꿈을 잊고 살기도 했다. 그러나 한 번 잡은 꿈은 좀처럼 나를 놔주지 않았다. 이때 체 게바라 선생이 나에게 다가왔다. 리얼리스트가 되라고 했다. 꿈도 좋지만 일단 현실에 충실하라고 했다. 그리고 꿈을 간직하며 살라고 했다. 나는 그의 말을 따르기로 했다. 현실에 충실하되 꿈을 잊지 않고 꿈을 이루기 위해 살기로 결심했다. 지금 나는 그러고 있는 중이다. 게바라 선생은 이루지 못할 꿈이라고 표현했지만, 나는 언젠가 꿈을 이룰 수 있다고 생각한다. 리얼리스트가 되고, 또 꿈을 이루는 드리머(dreamer)가 될 수 있다고 생각하고 있다. 나는 결심했다. 50세에는 반드시 온몸에 문신을 하겠다고.

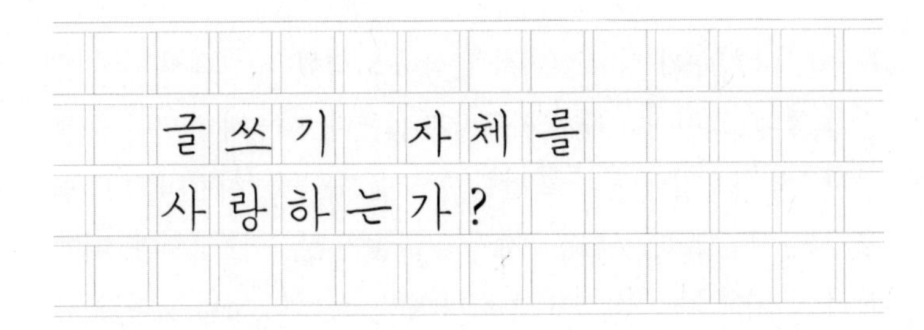

나는 후회하고 있다. 이왕이면 목표를 크게 잡을 걸, 어차피 꿈은 이루어지는데. 32살에 책을 내보자는 꿈이 생겼다. 그래서 그 꿈을 이루기 위해 매일 조금씩 노력했다. 나는 그렇게 열심히 살지 않는다. 그저 내가 할 수 있을 정도만 하면서 산다. 그런 방식으로 나는 조금씩 내 꿈을 위해 책을 읽었고, 글을 썼다. 그러다 보니 8년 후 첫 책을 내게 되었다. 나같은 꼴통까지 책을 내는 세상인 것이다.

근데 지금 와서 생각하면 참 후회된다. 기왕 꿈을 가질 거면 좀 더 크게 가질 걸. 지난 8년 간 내 꿈은 내 이름 석 자가 박힌 책을 내는 데 있었다. 그게 꿈이다 보니 꿈보다 더 크게 이루어지지는 않았다. 그냥 이름 석 자가 박힌 책을 출판했을 뿐이었다.

사실 책 내는 것은 중요하지 않다. 책 내는 사람은 무수히 많다. 책을 냈다고 작가로 취급해주지도 않는다. 어디 가서 "저 작가예요"라고 말 못한다. 왜? 뜬 작품이 없기 때문이다. **작가라고 당당히 말하려면 책이 떠야 한다.** 비근한 예를 들어보자. A라는 사람이 가수가 되고 싶어서 열심히 노력했다. 그래서 결국 앨범을 냈다. 그런데 노래가 히트치지 못했다. A는 과연 다른 곳에 가서 "저 가수입니다" 라고 말할 수 있을까? 듣는 사람이 "네? 누구세요? 무슨 노래 불렀는데요?" 라고 묻지 않을까? 그렇다. 떠야 작가고, 떠야 가수지 그저 책 하나 냈다고, 앨범 하나 냈다고 작가대접, 가수대접 받을 수 있는 것은 아니다.

그래서 후회하고 있다. 어차피 꿈이란 것은 이루어지기 마련인데 좀 더 큰 꿈을 꿀 걸. 이왕이면 '내 책이 베스트셀러가 된다' 라고 꿈을 꿨으면 어땠을까? 그 꿈 속에는 자연스레 '내 이름 석 자가 박힌 책이 출간되는 것' 은 녹아들어 있을 것이다. 조금만 더 크게 꿨더라면, 하는 아쉬움이 남는다. 그러나 늦지 않았다. 이 사실을 알고부터는 다시 꿈을 수정했다. '나는 세계적인 베스트셀러 작가가 되었다.' 이러다 보면 적어도 한국에서 알아주는 작가가 되지 않을까 싶다.

목표가 있으면 목표를 100으로 잡지 말자. 그보다 조금 더 큰 목표를 잡는 거다. 100을 이루고 싶으면 101을 목표로 하는 거다. 꿈은 이루어진다. 강렬한 꿈은 반드시 이루어진다. 첫 책을 내겠다는 꿈은 이루어진다. 강렬하게 꾸면 반드시 이루어진다. 그러니까 좀 더 크게 꾸자. 어차피 책을 내는 것은 의미가 없다. 독자가 읽어줘야 책이 가치가 있는 것이다. 아무도 읽어주지 않는 책은 책으로서 의미가 없다. 책의 본질은 누군가에게 읽히는 데 있다. 아무도 읽어주지 않는 책은 책이 아니다. 쓰레기일 뿐이다. 그러므로 독자에게 읽히는 책을 써야 한다. 책은 일기가 아니다.

꿈이 크면 글도 더 잘 써진다. '베스트셀러 작가가 되어야 하기 때문에 좀 더 독자들에게 읽히는 글을 써야겠구나' '어떻게 하면 독자들의 이목을 끌까?' 이런 식으로 접근하면 글이 더 좋아지게 된다. 나만 보고 버리는 글로는 책을 쓸 수가 없다. 책은 독자의, 독자를 위해, 독자에 의해 만들어진다. 결코 저자가 쓰는 게 아니다.

그러나 한편으로는 글을 쓰는 것 자체가 기쁨이 아닌가? 글을 쓸 수 있다는 것 자체만으로도 큰 희열을 느끼지 않는가? 예전에 이런 상상을 했었다. 내 몸의 일부분을 잃게 된다면 끝까지 사수하고 싶은 부분은 어디인가? 눈이었다. 그리고 손이었다. 눈과 손이 있으면 글을 쓸 수 있기 때문이다. 책을 써서 이름을 남기든 돈을 많이 벌든 사실 부차적인 것이다. 나는 단지 글을 쓴다는 것 자체에 재미를 느끼고 있다. 힘든 일을 하고 집에 와서 글을 쓰는 이 순간을 사랑한다. 궁극의 희열을 맛본다. 글쓰기 자체를 사랑하지 않는 글쓰기는 얼마나 고역이겠는가. 이것은 마치 부모님의 강권에 의해 적성에도 맞지 않는 의사가 되는 것과 같다. 남들이 다 좋다고 하니까 검사가 되는 것과 같다. 결과적으로 이들은 행복하지 않다. 밖에서 보면 그럴싸하지만 자신이 원하지 않는 일을 하고 있는 사람들은 스스로를 갉아먹고 있는 것이다. 과정을 사랑하지 않는 결과는 바람직하지 않다.

과정을 사랑해야 한다. 뜨지 못해도 괜찮다. 팔리지 않아도 좋다. 단지 쓸 수만 있다면 그것으로 행복하다. 업무에서 받은 스트레스를 글쓰기로 풀어 버린다. 글쓰기 자체를 즐기는 것이다. 즐기는 자를 이길 수 없다는 얘기가 있다. 이기고 지는 게 중요한 것이 아니다. 그것을 하는 것 자체를 사랑하는 것이다. 이런 사람들에게 순위, 우열은 의미가 없다.

꿈을 꾼다고 꿈이 다 이루어지는 것도 아니다. 꿈을 꾸지 않는다고 꿈 이상의 성공을 하지 못하는 것도 아니다. 그냥 좋으니까 하는 게 사실 가장 위 단계다. 돈이나 명예를 바라는 것이 아닌, 그 자체를 사랑하는 마음이 가장 윗길이다. 이미 글쓰는 것 자체로 행복을 느끼는데 더 이상 무엇을 바란단 말인가. 큰 꿈을 가지고 그것을 이루기 위해 글을 쓰는 것보다 더 위 단계다. 글 자체를 사랑하는 사람 자체가 고귀할 뿐이다.

어쩌면 나는 첫 책을 내봤기에 이런 말을 할 수 있을지도 모른다. 첫 책을 내기 위해서 얼마나 '책을 내고 싶다, 내 이름으로 된 책을 내고 싶다'라고 하루에도 수십 번씩 다짐하고 외쳤는가. 그 꿈을 이루기 위해 얼마나 간절히 기도했는가. 그 꿈을 이루고 나서 '아, 좀 더 큰 꿈을 꿨더라면 좋았을 것을' 하고 후회하는 모습이 한편으로는 한심하다. 나는 글쓰기 자체를 좋아하는가? 그렇지 않은가?에 대한 확실한 답을 알아야 하는 것이 급선무다. 단지 이름 석 자를 남기기 위해서 글쓰기를 선택한 것은 아닌지 말이다. 이름 석 자 남기는 법이 꼭 책쓰기만 있는 것도 아니지 않은가. 왜 글쓰기인가? 왜 나는 글을 쓰는가? 거기에 대한 답을 정확히 알고 있어야만 할 것이다.

글쓰기는 지구상의 동물 중 사람만이 할 수 있는 일이다. 글을 써서 자신을 표현하고, 남에게 정보를 전하고, 정보를 받고, 배우고, 넘겨주고, 전파한다. 공간을 넘어 알지도 못하는 이에게 이야기를 들려줄 수 있으며, 아직 보지도 못한 200년 후의 후손들에게 말을 해줄 수도 있다. 이런 엄청난 가치의 글이란 것을 오로지 인간만이 향유할 수 있는 것이다. 인간을 보다 인간답게 만들어주는 것이 바로 글쓰기다. 글쓰기의 가장 큰 매력은 나를 알 수 있게 되고 내가 행복해진다는 것이다. 맛있는 랍스타를 먹어도 행복하고 섹스를 해도 행복하지만 글쓰기만큼 나를 궁극의 희열로 들게 만드는 것은 없을 것이다. 해도 해도 질리지 않는 글쓰기가 참 매력적이란 생각이다. 글쓰기 자체를 사랑할 수 있고, 그 행위만으로 행복할 수 있다면 더 이상 필요한 게 무엇이겠는가.

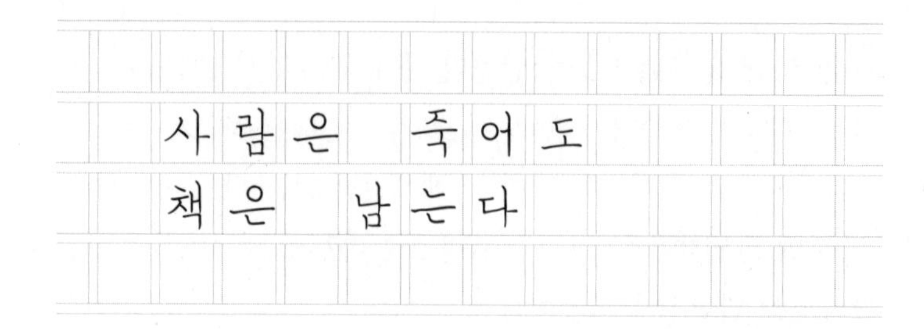

모든 사람은 반드시 죽는다. 아무리 부자라도 아무리 잘났더라도 공평하게 죽는다. 오래야 살 수 있겠지만 기껏해야 10년, 20년이다. 결국 죽는다. 과거 진시황이 영생불사하기 위해 불로초를 구했지만 결국 그도 죽었다. 어느 누구도 죽음을 피할 수 없다. 고려를 세운 왕건도 죽을 때 인생이 허무하다고 말했다. 아무리 큰 위업을 달성했어도 죽는다. 하찮은 형으로 살았어도 죽는다. 공평하다.

그래도 사람들은 아직도 영생불사를 꿈꾸고 있다. 자신은 죽을지언정 자신이 만들어놓은 것으로 대신하려 한다. 많은 예술가, 작가들이 그렇다. 작품을 남긴다는 것을 보통 자식을 낳는 것에 비유하는데, 같은 이유다. 사람이 태어나서 자식을 낳는 이유는 자식으로 하여금 또 한세상 살아가려는 심산이다. 자신의 유전자를 남겨 본인이 죽어도 자식이 대신 살면 그것이 곧 영생불사라 생각하는 것이다.

책은 자식보다 더 하다고 생각된다. 자신의 본질이다. 자식의 생각과 나의 생각이 다르므로 자식은 온전히 나라고 볼 수 없다. 그러나 책은 다르다. 나의 사고가 그대로 녹아 있다. 책은 곧 작가의 분신이다. 따라서 육체는 죽어 없어지겠지만, 책은 끝까지 남아서 후손들에게 읽히게 될 것이다. 우리 이전부터 그 수많은 저자들이 바로 이 점을 놓치지 않았다. 그들은 죽음을 인정했다. 언젠가는 죽을 것을 알았다. 그러나 자신의 책은 끝까지 살아남을 수 있다고 믿었다. 책을 쓰는 웬만한 사람들은 다 이것을 알고 있다. 그래서 책쓰기가 가치가 있는 것이다. 나는 죽어도 책은 남는다.

책만이 아니다. 모든 예술작품들이 다 그렇다. 미술, 음악 등등 과거의 것을 지금 우리가 향유하고 있다. 레오나르도 다빈치가 그린 그림을 보면서 그를 기억한다. 피카소의 그림을 보면서 그를 추억한다. 곧 작품들이 그들의 분신이 되어버린 것이다. 따라서 의미있는 삶을 살고자 한다면 아파트를 사는데 열을 올린다든지, 주식을 사는 데 열을 올리기보다 책을 한 권 쓰는 게 더 낫다고 본다. 아파트야 나 죽으면 없어진다. 주식도 마찬가지다. 땅은 안 그럴까? 정말 유명해져서 자신의 이름을 딴 도서관을 지으면 모를까. 내가 죽는 동시에 그것들은 다른 사람의 명의로 전환된다.

사람은 죽어서 이름을 남기고 호랑이는 죽어서 가죽을 남긴다는 흔한 말이 있다. 이름을 남기기 위해서 위인이 되면 좋지만, 위인 되는 것이 쉬운 일은 아니다. 역사적으로 큰 사건이 있지 않는 이상 위인의 반열에 들기도 힘들거니와, 역사적으로 큰 사건이 온다 한들 소시민인 우리는 결코 위인이 될 수 없다. 자신의 것을 포기하고 대의를 위해 살 수 있는 사람들만이 위인의 반열에 오를 수 있다.

그렇다면 우리 소시민들은 이름을 남길 수 없는 것인가. 방법이 있다. 바로 책쓰기다. 자신의 이름 석 자가 딱 박힌 책을 한 권 내보는 거다. 책이 좋으면 독자들에게 반응이 올 것이고, 후손들에게도 읽히는 고전이 될 수도 있다. 뜨지 못해도 적어도 자식들에게 가보로 남지 않겠는가. 내 아들의 자식들, 또 그 자식들에게 내 책이 전해지지 않겠는가. 미래의 어느 날 내 후손이 '아, 우리 할아버지의 할아버지의 할아버지가 쓴 책이구나. 이 분께서는 이러한 생각을 우리들에게 남겨주셨구나.' 라며 나를 좀 더 생각해주지 않겠는가. 다른 할아버지들도 많은데 책을 썼다는 이유만으로도 후손들에게 기억되는 (또는 영향력을 끼치는) 조상이 되지 않을까. 그것만으로도 참 의미 있는 작업이 바로 책쓰기다. 이런 것을 이미 알았던 현명한 인류의 선조들은 이런 말들을 남기셨다.

> 나는 머지않아 사라지겠지만 책은 영원히 남을 것이다.
>
> - 에드워드 기번 (《로마제국쇠망사》의 저자)

제가 이 세상을 떠난 후에도 저의 글은 영원히 남을 것입니다.

- 존 하리차란 (저자, 강연자)

나는 죽어도 책은 남는다.

- 키에르케고르 (철학자)

운이 좋은 사람은 죽기 전에 떠서 행복을 누리다 죽는다. 운이 없는 사람은 죽고 나서 뜬다. 전자는 피카소다. 후자는 반 고흐다. 피카소는 죽기 전에 유명해져서 부귀영화를 누리고 죽었다. 행복한 사람이다. 고흐는 동생 태오에게 기대서 살다가 비참한 죽음을 맞이했다. 그러나 그가 죽고 나서 그림이 떴다. 우리가 책을 쓰면 피카소처럼 되거나 또는 고흐처럼 될 것이다. 그래도 뜨면 좋은 거다. 가장 비참한 것은 이 세상에 우리가 태어났는지조차 아무도 모르는 상태다. 문학이든 예술이든 자신의 것을 남기지 않으면 이 꼴 당한다.

물론 세상에 자신을 드러내기 싫어하는 사람들이 있다. 이들은 자발적 은둔을 선택했으므로 상관없다. 그러나 자발적이 아니라면 살짝 비참해질 수 있다. **그러니 자신의 것을 남기자. 조각이든, 음악이든, 글이든, 미술이든, 공예품이든 다 좋다.** 뜨든 말든 상관없다. 남기자. 그것이 자신이 이 지구상에 왔다갔다는 증거가 될 수 있다. 조용히 살다 가고 싶으면 안 해도 된다.

만약 내가 그림을 그릴 줄 알았다면 그림을 그렸을 것이다. 작곡을 할 줄 알았다면 곡을 썼을 것이다. 조각을 할 줄 알았다면 조각을 했을 것이다. 사진을 찍을 줄 알았다면 사진 찍는데 공을 들였을 것이다. 붓글씨를 할 줄 알았다면 그렇게 했을 것이다. 종이접기를 할 줄 알았다면 많이 접었을 것이다. 그러나 나는 거의 못한다. 다만 그저 조금 글은 쓴다. 그래서 글을 쓴다. 그나마 내가 가진 것 중에 가장 잘할 수 있는 것을 할 뿐이다. 나를 남기는 작업을 매일 하고 있다. 나를 남기는 것은 시간과 공간을 초월하겠다는 의지의 표현이다. 동시대 다른 곳에 살고 있는 사람들에게, 같은 장소의 다른 시간대에 살고 있는 이들에게, 다른 장소의 다른 시간대에 살고 있는 이들에게 나를 표현하고 싶은 거다.

글을 남기는 작업공간은 풍부하다. 블로그, 트위터, 인스타그램, 카카오톡 등등 많다. 그렇지만 공신력이 없다. 즉, 영향력이 떨어진다. 홍보 정도야 할 수 있겠지만, 자신을 제대로 표현하지 못한다. 제대로 나를 표현하고자 한다면 처음부터 끝까지 일관된 주제를 관통하는 한 편의 책이라야 한다. 책을 쓰자. 책을 쓰는 동안 나를 돌아볼 수 있다. 내가 잘나서 책을 쓰는 게 아니라, 책을 쓰다 보면 잘나게 된다. 자리가 사람을 만든다고 한다. 책을 쓰다 보면 사람이 만들어진다. 만들어진 사람이 책을 쓰는 게 아니라 책이 사람을 만드는 것이다.

맺음말

조급하면 안 된다

나는 첫 책을 내기까지 결심하고 8년이 걸렸다. 오로지 독학으로만 해서 그렇다. 시중에 나와 있는 책쓰기에 관한 책을 모조리 다 섭렵했고, 독후감을 쓰면서 글쓰기를 연습했고, 독후감을 쓰기 위해 책을 많이 읽었다. 그런 시간들이 모여 8년 만에 첫 책을 낼 수 있었다. 물론 그 전에도 책을 낼 수 있는 기회는 있었다. 그러나 나의 인내심 부족으로 편집자의 요구에 순응하지 못하고 뻗대다가 일을 그르치기도 하면서 데뷔가 늦어진 것이다. 나처럼 하면 늦을 수밖에 없다.

요즘 책쓰기 강연이 참 많다. 김태광, 김병완, 이은대, 강원국, 김종원, 이상민 작가 외에도 많은 작가들이 책쓰기 강연을 하고 있다. 이들 강연 중 몇 가지를 듣고 자기 것으로 만든다면 좀 더 빠르게 첫 책을 낼 수 있다고 생각한다. 우리가 학교를 다니고, 과외를 하는 이유가 뭔가 혼자 공부하는 것보다 효율적이라서 그러는 거 아니겠는가. 책쓰기에 관한 책도 많이 읽어보시길 바란다. 나는 내 책이 가장 낫다고 생각하지 않는다. 그동안 출간된 책쓰기에 관한 책을 요점정리해서 종합판으로 만들지 않았다. 순전히 내 주관적인 생각과 느낌으로 이 책을 만들었다. 따라서 허점이 많다.

정말 책을 내고 싶다면 나는 이렇게 제안한다.

1. 시중에 나온 책쓰기에 관한 책을 모조리 읽어보자. 그게 안 되면 80%라도 읽어보자. 여러 책에서 공통적으로 말하는 것들이 있다. 그것들을 따로 모아 완전히 내 것으로 만든다. 나머지 상이한 부분이나 대립적인 주장을 하는 것들은 참고만 하자.

2. 독학만으로는 부족하다. 책을 읽었으면 강의를 들으러 다니자. 먼저 책을 읽고 강의를 듣는 게 좋다. 책을 통해 어느 정도 이론을 갖고 있기 때문에 강의 내용이 쏙 들어오게 되고 효과가 더 높아진다. 그냥 처음부터 강의를 들으러 가면 뭐가 중요한지 핵심을 놓칠 수 있다. 강의도 하나에 그치지 말고 한 강의 더 듣자. 강연비가 그리 비싼 편이 아니다. 나중에 책 써서 인세를 받으면 갚고도 남는다.

3. 배웠으면 써야 한다. 결국 쓰는 게 일이다. 안 쓰면 땡이다. 되든 안 되든 매일 써야 한다. 글쓰는 것이 습관이 되어야 한다. 읽는 것도 중요하지만 결국은 써야 책이 된다. 아무리 많이 읽어도 안 쓰면 책을 낼 수 없다. 따라서 읽기를 하루 못 했다고 자책할 필요는 없다. 그러나 하루라도 못 쓴 것에 대해서는 심각할 필요가 있다. 낙서든, 일기든 뭐든 매일 써야 한다. 쓰다 보면 자신이 달리는 걸 알아서 읽게 된다. 읽다 보면 차고 넘쳐 쓰는 경우도 있지만, 반대도 가능하다. 읽고 쓰기는 완전 습관이 되어야 한다. 그래야 끈덕지게 원고를 쓸 수 있다.

이렇게 1,2,3을 하다 보면 필자의 8년보다 더 일찍 책을 낼 수 있을 거라 생각된다. 아니, 저렇게 하는데 책이 안 나올 수 있겠는가. 일평생 책과는 담을 쌓고 살았던 나도 책을 내는데, 저렇게 하면 누구든 책을 낼 수 있을 것이다. 책을 내야 하는 이유가 여러 개일수록 더 쉬워진다.

'내 이름이 박힌 책을 내고 싶다 + 내가 알고 있는 것을 많은 사람과 공유하고 싶다 + 인세로 돈을 많이 벌어 지금 다니고 있는 직장을 때려치우고 싶다 + 매일 출근하기 싫다 + 유명세를 치르고 싶다'

이와 같이 이유를 여러 개 갖자. 지치고 힘들 때 자신을 붙들어 줄 수 있다. 웬만한 일은 나이가 많아서 고민이지만 책쓰기는 나이가 많을수록 좋다. '말빨'이 더 먹힌다. 오히려 나이가 어릴수록 더 힘든 게 책쓰기다. 저자소개란을 읽고 새파랗게 젊은 애가 쓴 책이란 것을 알아봐라. 읽고 싶은가? 그래도 좀 산 사람이 얘기해야 먹힌다. 그러니 책쓰기만큼 좋은 게 어디 있겠는가. 나이가 들수록 유리한 게임이 바로 책쓰기다.

몇 개월 안에 책을 써보려고 했던 독자가 필자의 책을 읽고 실망했다면 정말 미안하다. 용기를 주려고 책을 쓴 건데 낙담을 드렸으니 정말 죄송하다. 그러나 그대가 어느 정도 기본바탕이 되어 있다면 얘기는 달라진다. 진짜 3개월 만에 책을 낼 수도 있고, 1년 안에 책을 낼 수도 있다. 나는 완전 맨땅에 홀로 헤딩해서 8년이 걸린 거지, 어릴 때부터 어느 정도 책도 읽고 글도 써서 상도 받았던 사람이라면 더 빨리 가능하리라고 본다. 다만, 조급할수록 안 되는 게 책쓰기라고 말해주고 싶다. 괴테가 얘기한 것처럼 쉬지도 말고 서두르지도 말고 원고를 쓴다면 책은 나오지 말라고 해도 나올 것이다.

한때 나는 내가 쓴 원고를 블로그에 올려 공개했다. 혹시 우연히 어떤 출판사 편집자가 지나가다가 내 블로그에 들러서 내 원고를 보고 출판계약을 하자고 하지는 않을까, 하는 야무진 꿈을 꿨더랬다. 블로그에 글을 올리다가 책을 내는 경우가 왕왕 있지 않던가. 나도 그걸 해보고 싶었다. 그러나 단 한 통의 연락도 받지 못했다. 실력이 안 됐기 때문이다. 나는 내 손가락을 이용해서 출판사에 이메일을 직접 보내야 했다. 봐주지도 않는 출판사들이 허다했다. 처음에는 다 그렇게 시작하는 거다. 화려하게 데뷔하는 신데렐라를 꿈꾸지 말자. 아무도 알아주지 않는다. 그저 묵묵히 글쓰고, 출판사 노크하다 보면 하나 얻어걸릴 때가 있다. 그 기회를 잘 살려서 편집자에게 살살거리면서 첫 책을 출판해내길 빈다. 몇 권의 책을 낸 지금이라고 안 그럴 줄 아는가. 지금도 살살거린다. 제발 뽑아주세효!!

역설적이지만 오래 할려면 글쓰기에 올인해서는 안 된다. 생계를 위해 일도 하고, 집안 경조사도 챙기면서 짬짬이 글을 써야 포기하지 않는다. 열심히 생활을 영위하는 중에 틈새를 노려 글을 쓰는 방법이 좋다. 책 쓴다고 잘 다니던 직장 때려치우고 하루 종일 펜만 잡고 있지 말자. 마음만 급해지고 초조해서 글도 안 써진다. 첫 책 내고 두 번째 책 히트치고, 세 번째 책 대박내서 인세가 현재의 월급을 압도할 때 그때 전업작가를 하는 거다. 책 하나 써서 일확천금을 얻을 수 있다고 아직까지 믿으면 곤란하다. 글쓰기는 정말 돈 안 되는 노가다 중 상노가다다. 가성비가 정말 안 좋다. 글쓰기가 제일 효율이 떨어지는 일이다. 최악이다. 그러니 느리게 천천히 쉼 없이 가보는 거다. 그러다가 하늘이 허락해주시면 그 사랑을 누리면 된다. 글은 돈이 아니다. 사랑이다.